大学之思译丛 · 刘东 主编

缺失的课程

大学里从未教授过的

[美] 戴维·古布拉 著 朱俐俐 译

David Gooblar

The Missing Course

Everything They Never Taught You about College Teaching

江苏凤凰教育出版社

图书在版编目（CIP）数据
缺失的课程:大学里从未教授过的/(美) 戴维·古布拉(David Gooblar)著;朱俐俐译;刘东主编. 南京:江苏凤凰教育出版社,2025.6.
-- ISBN 978-7-5743-1888-5
Ⅰ.G642.0
中国国家版本馆 CIP 数据核字第 2025ZR2939 号

书　　名　缺失的课程:大学里从未教授过的
主　　编　刘　东
著　　者　戴维·古布拉
译　　者　朱俐俐
责任编辑　牟盛洁
装帧设计　周伟伟
责任监制　石贤权
出版发行　江苏凤凰教育出版社(南京市湖南路 1 号 A 楼　邮编:210009)
苏教网址　http://www.1088.com.cn
照　　排　南京前锦排版服务有限公司
印　　刷　南京爱德印刷有限公司
厂　　址　南京市江宁区东善桥秣周中路 99 号
开　　本　787 毫米×1092 毫米　1/32
印　　张　9.25
版　　次　2025 年 6 月第 1 版
印　　次　2025 年 6 月第 1 次印刷
书　　号　ISBN 978-7-5743-1888-5
定　　价　58.00 元
网店地址　http://jsfhjycbs.tmall.com
公 众 号　苏教服务(微信号:jsfhjyfw)
邮购电话　025-85406265,025-85400774
盗版举报　025-83658579

苏教版图书若有印装错误可向出版社调换

《大学之思丛书》总序

刘东

这里所集中收录的，主要是美国那边的同事们对于高等教育的批判反思，——当然他们所集中针对的，也主要是美国的高等教育。

要说“挑剔”的话，这几乎就是在“鸡蛋里挑骨头”了。尤其是在晚近的紧张竞争中，我们就可以看得格外清楚了：那种既生机勃勃，又纪律严明的高等教育，几乎就是这个国家最大的比较优势了。——而且更令人惊异的是，这样的优势竟还能长久地维持不坠，以至于哈佛文理学院前院长几十年前讲出的话，还可以被当作刚发表的新闻稿来读：

> 在外国经济竞争对手似乎在一个接一个的领域里超过我们的日子里，可以再次确信一点：毫无疑问，美国主宰着世界的一个重大的产业，那就是高等教育。世界上 2/3 到 3/4 的最好大学是在美国。这个事实是被最近对美国高等教育展开批评的许多人所忽略的……我们经济中其他哪个部分能作类似的说明呢？有

棒球、橄榄球和篮球队——但名单也到此为止了。没有人会说今天的美国有2/3的全球最佳钢铁厂、汽车厂、芯片制造厂、银行或政府部门。我们处在高等教育质量表上的高端地位是非同一般的,它可能是一项特殊的国家资产,需要加以说明。①

可即使如此,那些远在大洋彼岸的知识人,还是对于自己置身其中的高等学府,进行着毫不容情的且不稍间断的批判。而且,这种批判也丝毫没有矫情之嫌,相反倒是充满了由衷的愤怒,正如斯坦福大学前校长唐纳德·肯尼迪所云:“高等教育已经融入我们的生活。我们在所有的事情上离不开它,也相信它的价值。当它带给我们失败,我们就变得失望;而当它开销太大,我们就会愤怒。这种超乎寻常、至关重要的机构究竟是什么?它是怎样逐渐成为今天这种状况的?”②——于是也就不待言,也正因为这种力道很大又接踵而至的批判,才向我们的丛书提供了持续不断的移译内容。

那么,他们都在“挑剔”或批判些什么呢?我在以往撰写的类似文章中,也曾进行过一些简单枚举:

——忧虑它的过度市场化和企业化,忧虑它的精神流失;

——忧虑它的批量生产和形式主义,忧虑它的鼓励平庸;

——忧虑它的集体腐败和拉帮结派,忧虑它的风格趋同;

① 亨利·罗索夫斯基语,转引自克拉克·克尔:《大学之用》(第五版),高铦等译,北京大学出版社2008年版,第129页,

② 唐纳德·肯尼迪:《学术责任》,阎凤桥等译,新华出版社2002年版,第6页。

——忧虑时而出现弄虚作假和剽窃，忧虑它被外界污染；
——忧虑它像飘蓬一样无根地变异，忧虑它丢失了传统；
——忧虑它太贴向财大气粗的金主，忧虑它失去了独立；
——忧虑它虚掷纳税人的辛勤血汗，忧虑它有违于公平……

所以，虽然乍看不无突兀之处，细想却在情理之中的是，即使他们享有着相对正常的学术秩序，即使他们的举不胜举的顶尖学府，相比起来也简直像是“漂在钱海”里，可至少照身在其中的那些人看来，这个被戴维·洛奇挖苦过的“小世界”，也实在算不上什么“理想国”。恐怕正是职是之故，才在自己所从事的人文学科中，导致了曾经让我感到蹊跷不已的现象：“何以美国拥有那么多功力深厚的同行，但将其全部知识原创性叠加在一起，也远远及不上一个小小的巴黎？”[①]当然了，话又要说回来，正因为从未满足过身边的现状，他们那些富于力道的批判话语，还是从效果上构成了持续激发的马刺，终使那边的高校保住了总体的优势。——这种充满张力的辩证状态，若用我以往发表的语句来讲，正是在一方面，“知识群体突然兴奋地发现，大学这个他们最为熟悉的教育机构，正好提供了一个近在手边的文化案例，使自己可以充分发挥解析与批判的特长，从而不仅可以指望以自己的写作活动来改进身边的境遇，甚至还可以以此来报效大学所属的总体社会。”[②]而在另一方面，“也要平心地说一句，无论出现了多少问题，又正

---

① 刘东：《社科院的自我理由》，《理论与心智》，江苏人民出版社 2001 年版，第 223 页。

② 刘东：《众声喧哗的大学论说》，《我们的学术生态：被污染与被损害的》，浙江大学出版社 2012 年版，第 55 页。

因为保持着这样的忧患，正因为可以公开发表这种忧思，正因为由此可以促进改革，他们的大学才保持着相对的优势，成为当代美国已经屈指可数的优势和骄傲之一。”①

令人生畏的是，恰是当下这股全球化的逆流，更迫使我们去睁开眼睛看清楚，即使美国只具备高教这一个优势，也足以盖过它诸多的次要优势，从而在根本上创造和保持着综合的国力，这才是美国大学最令人羡慕也最值得学习的地方。六年前，我曾在“腾讯思享会”举办的授奖仪式上，历数过自己对当代中国的种种忧虑，包括“生态恶化”“创新不足”“生育下滑”“社会萎缩”和“文化垮塌”等等，而“创新不足”又在其中排得相当靠前，因为这更使得我们的社会经不起“脱钩”。——而归根结底，这又跟我们每天都在校园里发出的长吁短叹有关：“从我作为教授的角度来说，如果我们的教育还是死记硬背的应试教育，我相信我们的创新是不可指望的。我先教北大，后教清华，我的学生里边有很多状元但是他们不会创新，他们的博士论文主题都是老师我给的。一个博士论文题目都找不到，怎么可能做出能打败乔布斯的新成果？”②

出于这种深深的忧虑，尽管我不赞成某些文人的“东施效颦”——他们往往就连装出的愤怒都是“舶来”的——然而，一旦涉及整个文明的“创造性根源”，我们又不能不对于外部的话语有所敏感、有所触动，或者说，是不能不去倾听那些作为激发动力的、对于大学制度本身的

① 刘东：《再序〈大学之忧〉丛书》（修订稿）。

② 刘东：《社会自治可驯化政治力——在2015冬季腾讯思享会上的发言》，《坚守坐拥的书城》，江苏人民出版社2020年版，第512页。

批判反思，并由此对身边的问题发出触类旁通的反思。无论如何，决不能再摆出“事不关己，高高挂起”的架势，更不能只是琢磨怎么去钻现有制度的空子，所以它越是千疮百孔地糟透了，就反而越让自己有机可乘、有利可图。否则，那一切自夸就终是在妄发“虚火”，既徒然地招人嫉恨，又浅薄得令人喷饭；而我们正在快速崛起的父母之邦，则更匹配不上最起码的、与其体量相适应的“脑容量”，只剩下规模庞大的肉体身躯，像是尚未进化到“智人”阶段的远古猿人。

应当转念想到，我们置身其中的高等学府，并不只是我们借以安顿自己的机构，以至一旦有幸躲到了里边，那就什么样的话题都可以研究，哪方面的合理性都敢于追问，偏偏就不去研究这个机构本身，更不敢追问它是否具有合理性。事实上，这种具有历史性的学术和教育机构，本身也是脱生于具体的社会语境，也有自己的来龙去脉、前因后果，绝不可能是天然合理、天经地义的。既然如此，我们就只有通过不间断的检讨与反思，才可能一步步地去改进和优化它，从而让自己在其中发出的深层运思，变得更加自如和富于活力，获得更上一层的解放与焕发。

与此同时，正由于在这种潜心的研读中，确然看到了来自西方本身的检讨，从而看出了即使是哈佛耶鲁，也并非光可鉴人、无懈可击，我们就更容易从以往的盲从中解脱出来，尤其是，从当下对于“一流大学”的亦步亦趋中，幡然悔悟和恍然大悟地挣脱出来。回顾起来，针对这种盲人瞎马式的追随，我过去也早已撰文贬斥过了：“必须警惕这样一种本质主义的倾向：一旦谈论起大学，总是贪图省事不假思索地以不变应万变——误以为只要从西方文明的源头略加寻索，就准能在那里找到必然预制好的万应良药来；甚至，即使很显然当代西方本身在教育实践中已经把那些理念弃而不用了，也仍然刻舟求剑地认为：只要能坚持表现得比西方还要西方，就一定会医治好当代中国的大学。”①

于是不在话下，用以取代这种盲目追随乃至狐假虎威的，只能是我们本身的开动脑筋与独立思考，从而让我们对于中国大学的构想与改造，变得更加清醒自觉、胸有成竹，让我们置身其中的高等学府，也能逐渐匹配当代生活的紧迫要求。无论如何，总希望能有更多志同道合的同事，来加入对于大学本身的这番阅读与思考，从而打从文化基因的隐秘深处，来激活整个中华民族的造血机制。——不管译介的工作将会多么艰涩与费力，我们都愿把为此付出的这份额外辛劳，源源奉献给有志于此的同道们！

2022 年 12 月 11 日

于浙江大学中西书院

① 刘东：《众声喧哗的大学论说》，《我们的学术生态：被污染与被损害的》，浙江大学出版社 2012 年版，第 41 页。

本书献给凯塔琳娜(Katarina)

目 录

导 言

学生是材料

教学是有难度的，因为教学的成败取决于你能在多大程度上帮助他人学习。如果学生不学习，那么世界上知识最渊博、准备得最充分的老师也是失败的。我花了很多年，跨越了两个大洲[①]，才明白这一点。

当我还是一名研究生时，教学并不是我的首要任务。我曾在英国伦敦大学学院攻读博士学位，撰写关于菲利普·罗斯（Philip Roth）作品的博士论文。在美国，大多数研究生几乎都没有接受过教学法的指导，而在英国，研究生几乎不关注教学。我在研究生学习期间所接受的全部教学指导，是一位知名教授在离开教室时说的一句话，当时我正走进那间教室，他对我说："不管你有多么无知，他们更无知。"

虽然我在攻读学位期间一直在从事教学工作，但教学并不是我的

---

① 作者在加拿大麦吉尔大学获学士学位，后在英国伦敦大学国王学院和英国伦敦大学学院获硕士、博士学位，现供职于美国爱荷华大学。——译注

必修课，我得到的指导都是粗略的。我接收到的信息很明确：研究才是学术生涯的重要方面，研究是区分成功与失败的分水岭。教学没那么重要，它只是学者们为满足聘用要求而必须去做的事，但大多与实际工作无关。

我刚开始教书时，先是一对一指导，然后是小班研讨课，再后来是大班授课，我的教学方法缺乏新意。和许多文学专业的学生一样，当我站在教室前面时，我也做了多年来我的大多数老师一直在做的事：长篇大论地去展示我对各篇小说、故事和诗歌的精彩阐释。我当时认为，教学的准备工作就是手握铅笔一遍遍地阅读文本，找出其中新的、有趣的意义。我要把这些意义呈现给那些想必会心存感激的学生们，这样他们便会对这些经典文学作品有新的理解。至于学生们会给课堂带来什么，甚至在我展示的时候，他们会做些什么，我倒从未想过。我的工作就是向他们展示文学的价值，老实说，也是向他们展示我有多么聪明。①

我想我的这一经历是很常见的。除了极少数的例外，大多数研究

① 南希·L. 奇克(Nancy L. Chick)在其关于文学研究的“标志性教学法”的文章中指出，英文系教授往往会默认使用“教授式包装”的教学模式：教授们不是拆解文本、揭示文本意义的多种可能性，而是用自己的观点“包装”文本，从而剥夺了学生在阐释——学习如何阐释——文学文本中发挥积极作用的机会。奇克合理推断道：“鉴于大多数英文系博士仅接受过内容知识的训练，没接受过教学法甚至教学内容知识的训练，他们按照他们所受的教育，依靠自己的强项——呈现阐释——进行教学，这是可以理解的。”见 Nancy L. Chick, “Unpacking a Signature Pedagogy in Literary Studies,” in *Exploring Signature Pedagogies: Approaches to Teaching Disciplinary Habits of Mind*, ed. Regan A. R. Gurung, Nancy L. Chick, and Aeron Haynie (Sterling, VA: Stylus, 2009), 43.

生课程仍然侧重于把学生培养成研究者和写作者，并指望他们日后在教学方面能无师自通。但是，大多数学者的职业道路并不是以研究为主的。根据美国国家教育统计中心（National Center for Education Statistics）的最新数据，那些有幸在美国高校找到一份全职工作的学者，通常花在教学上的时间是花在研究上的时间的三倍左右。① 这还只是全职教师的情况。美国高等教育机构现在聘用的兼职教师几乎和全职教师一样多。兼职教师们把 88％的时间花在教学上，只有不到 4％的时间花在学术研究上（剩下的 8％似乎花在了开会上）。② 显然，美国学者的工作就是教学。那么，为什么我们不培训学术人才去从事这项工作呢？

2008 年初，我刚完成博士学业，学术就业市场就遭遇了历史性的

---

① T. D. Snyder, C. de Brey, and S. A. Dillow, "Percentage Distribution of Full-Time Faculty and Instructional Staff in Degree-Granting Postsecondary Institutions, by Level and Control of Institution, Selected Instruction Activities, and Number of Classes Taught for Credit: Fall 2003," Table 315.30, *Digest of Education Statistics 2016*, National Center for Education Statistics, Institute of Education Sciences, U. S. Department of Education, 2018, https://nces. ed. gov/programs/digest/d16/tables/dt16_315.30.asp.

② T. D. Snyder, C. de Brey, and S. A. Dillow, "Percentage Distribution of Part-Time Faculty and Instructional Staff in Degree-Granting Postsecondary Institutions, by Level and Control of Institution, Selected Instruction Activities, and Number of Classes Taught for Credit: Fall 2003," Table 315.40, *Digest of Education Statistics 2018*, National Center for Education Statistics, Institute of Education Sciences, U. S. Department of Education, 2018, https://nces. ed. gov/programs/digest/d16/tables/dt16_315.40.asp.

大崩盘。根据现代语言协会(Modern Language Association,简称MLA)的统计,在我毕业后的六年里,其发布的《职位信息清单》(*Job Information List*)上的工作岗位比之前的6年里少了2700个。[①] 一千余位求职者竞争一份工作的情况很常见。在就业市场上,尤其是在人文科学领域,那是个非常糟糕的时期,现在也是如此。

2010年底,在我的妻子接受了在爱荷华大学教哲学的预聘—长聘制(tenure-track)教职后,我和妻子、女儿搬到了爱荷华州。第二年8月,我在最后一刻得到了在伊利诺伊州奥古斯塔纳学院做兼职教师的机会。我要给一门大学一年级的写作课上两节课,给学生讲"修辞学"(Rhetoric)和"博雅教育"(Liberal Arts)。

这是一种从一开始就与众不同的教学体验。虽然有一些必读文本(一些关于博雅教育的简短阅读材料,以及杰拉尔德·格拉夫[Gerald Graff]和凯茜·伯肯斯坦[Cathy Birkenstein]写的《他们说,我说》[*They Say/I Say*],这是一本关于学术写作的好书,我至今仍在使用),但在大多数情况下,我都得自己拟定教学大纲。

放在以前,我会花一定的时间去研究一部小说或一段文学史,但这样的经验对当时的我没有任何帮助。我的任务是要帮助学生培养某些关键的技能[②]:学术写作、批判性阅读和批判性思考。我尽管很兴奋能得到这个机会,却还是陷入了轻微的恐慌。学生们到底应该学些什么?当然,我有一些要布置给他们的阅读材料和写作任务。但一旦

① MLA Office of Research, *Report on the MLA "Job Information List," 2013–2014* (New York: Modern Language Association of America, 2014).

② 原文中表示强调的斜体字,在翻译时均以加着重号形式进行呈现。——译注

开始上课，我常会感到无所适从，不知道自己的重点应该放在哪里。如果上课的目的不是为了更好地理解材料(材料到底是什么?)，那么上课是为了什么?

学期过半时，我恍然大悟：学生们就是材料。我的任务并不是要掌握某篇文本的精髓，然后将其传达给嗷嗷待哺的学生们。学生们本身才是我需要研究、评估和与之合作以便共同取得成就的对象。他们是行动、思考、讨论和感受的主体；他们的学习是整个教学事业的重点。如果我想成为一名好老师，我就必须掌握能帮助学生改变的秘术。

从内容覆盖模式转为以学生为中心的模式，这一教学模式的转变对我来说是翻天覆地的变化。把学生及其技能培养当作教学的核心，无论现在回想起来此举该多么理所应当，都让那时的我认识到教学是一门比以前更复杂、更有趣的学科。教学与我在从事研究时所面临的挑战一样，都是智识上的挑战。我的任务是帮助我的学生成为更好的写作者、更好的学生、更好的公民。我该如何做到这一点呢?

我那时不知道该如何着手，但我还是全身心地投入到了工作中，并被这项挑战所吸引。我开始向学生推介各种学术技能是多么的实用，并思考如何更好地帮助学生培养和练习那些技能。这就像是一份全新的职业。

2013 年 1 月，我参加了在波士顿举办的 MLA 会议。会议第一天，我参加了由詹姆斯·朗(James Lang)主持的“文学概述教学新方法”研讨会。那年春天，我将在爱荷华州锡达拉皮兹市的慈悲山学院

(Mount Mercy College)给学生讲美国文学概述。我希望能在会上收获一些好的教学想法，我确实收获到了。

准确地说，那场研讨会改变了我的人生。当时会场前排坐着五六位发言人，每个人都准备了一篇简短的论文，详细介绍了他们在教文学概述课时的创新之处。① 在随后的问答环节中，听众们也纷纷提出了自己的创新之处。我用最快的速度在笔记本上潦草地记录着——我简直不敢相信大家提出了这么多好想法。

令我印象深刻的是，在问答环节中，教师们形成了一个共同体。事实证明，当一群教师聚在一起时，他们会集思广益，分享自己觉得有效的各种策略。更重要的是，这些教师中的许多人，实际上正在从事教学法方面的学术研究。教学并不是他们大学工作中的一项令人讨厌的任务，而是他们全身心投入其中的使命。

这一切让我大开眼界。在那之前，我的全部教学经历都是：(1)在研究生阶段进行的，完全忽视了教学是需要学习的东西；(2)作为一名兼职教师，几乎得不到任何制度性支持，也没有多少同事可以交流。这场 MLA 研讨会如此生动地说明了，教学是一门拥有无数创造可能的学科，且同事间的合作可能会带来巨大帮助，这一发现改变了我的世界。

我的脑海中几乎立刻浮现出一个想法：为什么不试着在网络上复制出这样一个相互合作的共同体呢？教师们可以分享我在 MLA 研讨

---

① 其中一位发言人是克里斯·沃尔什(Chris Walsh)，我将在第二章讨论他的“空白教学大纲”。

会上听到的那些具体的教学策略，这样的网络资源难道不会很有用吗？我可以从中受益，想必其他人也可以。

我兴奋不已，给朗发去了一封热情洋溢的电子邮件，对他组织的会议大加赞赏，并询问他是否知道存不存在这样的网络资源。他不知道，并鼓励我实现这个想法。

我花了8个月的时间进行头脑风暴，其间也多次拖延、不断试错，终于在2013年8月推出了网站"无界教育学"（Pedagogy Unbound），标语是"大学教师分享当今课堂实用策略的地方"。来自任何学科的大学教师，都可以提交不超过500字的教学建议。我会决定是否采用这些文字，如采用，则稍加编辑后发表出来，并注明作者姓名。我从一些我钟爱的教育学书籍中择取了一些教学建议发布出来，作为网站的初始内容：朗的《论课程》（*On Course*）[①]、彼得·法林（Peter Filene）的《教学的乐趣》（*The Joy of Teaching*）、肯·贝恩（Ken Bain）的《如何成为卓越的大学教师》（*What the Best College Teachers Do*）和罗伯特·马格南（Robert Magnan）的《教授教学的147个实用技巧》（*147 Practical Tips for Teaching Professors*）。

我做了一些宣传推广，并且特别幸运地得到了帮助——詹姆斯·朗在《高等教育纪事报》（*Chronicle of Higher Education*）上撰写了一篇关于我和网站的专栏文章——"无界教育学"开始引起了一些关注。

---

① 该书中文译本可参见詹姆斯·M.朗著，胡公博等译：《开启教学生涯：大学新教师的关键15周》，华南理工大学出版社2014年版。这里书名保留直译。——译注

教师们纷纷发来教学建议，我把文字贴到网站上，并进行了分类。人们开始访问网站来阅读这些建议。

那年9月，我收到了《高等教育纪事报》助理编辑加布里埃拉·蒙泰尔（Gabriela Montell）的一封电子邮件。她是一个新网站——“维泰”（Vitae）的创建团队中的一员，该网站关注高等教育行业，她在邮件中问我是否愿意投稿。我欣然接受，并提议开设一个每两周更新一次的专栏，重点介绍“无界教育学”收到的最有趣的投稿。我会写一些教学技巧，补充背景资料，并为读者提供实际应用建议。

在几个月的时间里，这个专栏是这样的：我最初写的每篇文章都受到了“无界教育学”来稿的启发。但后来奇怪的事情发生了：投稿开始枯竭。当然，部分原因在于我对网站的宣传不足。但我认为这也与一个事实有关，那就是学者们都很忙，他们更可能去寻找教学建议，而不是投稿提供教学建议，这个事实令维护网站成了一场艰苦的战斗。①

现在回想起来，那时的我又一次遇到了好运气。由于我很快就无话可写，而我又每两周就得交一次稿，于是我开始做研究。我开始阅读涉及教学和学习的各个方面的各种学术期刊。我读了所有我能找到的有关教学的资料，无论是K—12教学、大学教学还是企业培训教学。我掌握了认知科学的基础知识，和有关学习的各种理论。既然我有了个针对教学建议的专栏，我就想努力让自己成为名副其实的专栏作者。

---

① 时至今日的网站数据似乎也证实了这一点。虽然我收到的投稿很少，但网站吸引了稳定的读者群。

事实证明，我阅读的大部分学术文献，都印证了我在奥古斯塔纳学院任教的第一个学期凭直觉领悟到的经验。我的转变——从以教学内容为中心到以学生为中心——与许多教育学学者所倡导的更大的转变呼应起来了。有大量文献都倡导主动学习策略，提倡在教学方法上注重培养技能，提倡摒弃“讲台上的智者”（“sage on the stage”）的大学教学模式。这些研究大多基于实际证据，基于经过了同行评审的研究成果，而不是基于根深蒂固的传统。

不过，之所以我会了解这些文献，正是因为我在撰写教学专栏。当我还是个学生时，无论是作为一名本科生去观察我的老师们，还是作为一名研究生去接受专业训练，我都没有准备好去用一种有证据支撑的方式去从事教学工作。大多数学者的情况都是这样的：当他们还是研究生时，他们几乎完全被训练成研究人员和写作者，他们被期望在学习过程中，以一种潜移默化的方式得到教学方面的训练。而当他们站在教室里讲课时，大多数人都会重拾自己老师的教学方法（而这些老师的教学方法可能又来自他们的老师曾经的教学方法）。[①]

一旦开始全职工作，学者们就更没有时间精进教学了。对我们大多数人来说，美国学术界的工作现在分为两大类：一是以研究为重的

---

① 2008年，德里克·博克（Derek Bok）指出，大学教师即使在着手重新设计课程时，也很少考虑任何有关教学和学习的研究。他认为，这种忽视或许源自教授们的自利：他们害怕发现自己必须彻底改变课堂教学方法，所以他们选择无视。“在这种保护方式下，即便是那些毕生致力于研究的教授们，他们在准备自己的课程，或是与同事会面以审查教学计划时，也还是会继续忽视有关教学和学习的实证性工作。”见 Derek Bok, *Our Underachieving Colleges* (Princeton, NJ: Princeton University Press, 2008), 51.

预聘—长聘制岗位；二是教学型岗位，或兼职教师岗，教学任务繁重，几乎没有时间去准备教学和反思教学，而这种准备和反思对教学是十分有益的。教学——帮助他人学习的实践——是一门学科，它与我们的任何研究领域一样具有挑战性和智识性。但是，如果教育行业不重视这门学科，那么就会有太多的人不熟悉这门学科的课程。这本书就是为他们而写的。

2015 年秋天，在做了多年兼职教师之后，我受聘成为爱荷华大学修辞学系的讲师。我的职位不在预聘—长聘制教职轨道上，薪水不高，但有很好的工作保障，更重要的是，我可以几乎完全自由地追求我的使命。我教爱荷华大学的学生如何写作、演讲、批判性阅读，以及如何发现他们对世界的信仰。学生们就是我的学科，每学期的学生不同，我就必须不断努力重新精通这门学科。我在这个稳定的全职工作岗位上，学到了许多关于教学(和我自己)的知识。以教学为生是一项极富挑战性、充满成就感的事业。

当然，它同时也是一项有难度的事业。回到我在开头说的，教学之所以有难度，是因为你的工作是帮助他人学习。你无法保证当你用正确的方法去做每一件事，你的学生就一定会成功。事实上，认为有一种“正确的方法”可以保证成功，这可能会让你注定失败。如果说我在过去 7 年里从课堂中学到了什么统一的原则的话，那就是我们必须关注和思考教师任务的方方面面；除了必须帮助学生自助这一要求，没有什么是不容置疑的。这也是贯穿本书始终的原则。

从某种意义上说，我目前在修辞学系工作，我正好能完美理解这一原则。作为一名修辞学教师，我非常关注学生，关注他们能做些什么。我教授的大部分内容，都是为了向学生传授可应用在不同情境中的技能和知识。因此，如果我像往常一样，给学生布置关于女性主义及相关论题的阅读材料，我更关注的就会是教学生如何认识、理解和回应阅读材料中的论点，而不是让他们“学习材料”。我不会要求学生在考试中写出丽贝卡·索尔尼特（Rebecca Solnit）笔下刻画出的三个男性说教者形象。① 但我会布置一个练习，要求学生像索尔尼特那样写一篇类似的个人叙事，在故事中嵌入一个论点。我会要求他们研究索尔尼特的写作，寻找其中可以运用到自己写作中的“招式”。我们会列出索尔尼特的论点，看看其逻辑是否成立。内容服务于技能。

我在本书第一章中论述了如何平衡技能与内容，这里我想说的是：以技能为核心来教授课程，让我更清楚地认识到，我们工作理念的核心，应该是学生，而不是课程内容。哪怕你想让学生学习大量内容，也应如此；每一门课程都应该从学生出发。在我的职业生涯之初，我曾不假思索地认为，教学就是精彩地展示课程内容，但如今我已不这么认为。现在的我还是会投入到课程内容中去，但只是为了确保它能吸引学生。学生如果对课程内容不感兴趣，就不会愿意去学习我费心教给他们的技能。但哪怕你格外重视课程内容，我想你也能在这本书中找到很多有用的建议。

---

① 参见丽贝卡·索尔尼特的《爱说教的男人》(*Men Explain Things To Me*)一书的第一章。中文译本可参见丽贝卡·索尔尼特著，张晨晨译：《爱说教的男人》，人民文学出版社 2020 年版。——译注

我的特殊经历让我成了今天的我，一位视学生为材料的教师，一位每天上班都渴望看到学生们准备做些什么的教师。教学是围绕人的工作——我们与人共事，并努力帮助他们成长。教学并不需要教师是教室里最聪明的人，但确实要求教师具备正确的心态和一套策略，来帮助学生成长。

我花了很长时间才成为一名更好的教师，我希望我能在以后的教学过程中不断进步。希望这本书能帮助你成为一名更好的教师，我相信你的成长会比我快得多。

在写这本书时，我问自己，我怎样才能为职业生涯做好最充分的准备？一门详尽全面、鼓舞人心的教育学课程应该是什么样的？如果我有 15 周的时间与其他学者分享基于证据的教育学研究，我要怎么做？

本书中的许多观点，最初都来自为“维泰”和《高等教育纪事报》撰写的短篇专栏文章。因此，虽然我在本书中努力提供了一套连贯而全面的大学教学方法，但书中的许多技巧是可以拿来就用的，不需要你重新设计整门课程。我希望这本书对研读者和浏览者来说都有价值。

在这本书中，我首先呼吁教师们使用主动学习策略。我认为主动学习对教学来说非常重要，怎么强调都不为过。对于我们中的许多人来说，在大多数情况下，我们接受的教学方式都是老师们连续几小时滔滔不绝地给我们讲课，因此，我们很容易退回到最简单的内容传递模式。我们必须时刻提醒自己，学生要通过主动参与来学习，而我们的任务是吸引他们参与进来。

基于这一观点，如果学生能将我们的课程视为他们自己的课程，那么，吸引他们参与课堂就能容易很多。本书第二章提供了鼓励学生发挥主人翁精神的各种策略。强迫学生去学习，甚至以不良后果相威胁，往好了说是一种低效的教学方式；往坏了说，师生双方会两败俱伤。如果学生的目标与我们的目标一致，结果当然就会好得多。这一章概述了一些实现这一目标的方法。

第三章探讨了大学课程的一些常见方面——考试、阅读材料、作业等等——并探讨了我们能如何改进这些方面，以更好地鼓励学生学习。学生们的成长背景、能力和目标各不相同，我们无法期望每位学生都能取得同样的进步。但是，如果我们能有意识地关注课程设计，我们就能设置好课程的各个要素，创造有助于我们取得预期成果的各种条件。

考虑到学生的多样性，第四章探讨了如何因材施教，根据不同学生调整教学方法。没有哪一种教学策略能始终适用于所有学生群体。这一章提供了了解学生的各种方法，以便你能帮助他们自助。

接下来一章讲评估，包括总结性评估（旨在衡量过去的行为）和形成性评估（旨在影响未来的行为）。向学生提供反馈是教师工作的重要组成部分。无论是考试、小测验、批改论文，还是更非正式的反馈形式，评估都为我们提供了与学生交流的机会。

第六章为各个学科的教师提供了在课堂上作出示范的各种方法。我所在的系有一个优势，那就是教师教授修辞学的方式——总的来说，我们的重点是教会学生如何去写作和演讲，而不是仅仅去完成某个学期内布置的写作和演讲作业。这是一种很好的方法，可以确保学生们能在课外继续运用他们在课上学到的东西。这一章提供的各种策略，可以帮助我们在要求学生以高标准完成课程任务的同时，也不忽视过程。

第七章为我们在当今这个特殊时代开展教学提供了一些建议，当今时代政治动荡，充斥着“假新闻”，并且日益多元化。当教室外的世界经历着翻天覆地的变化时，我们就不能总用过去的方式去教学了。当如此多的力量似乎都在反对我们教育新一代的公民时，我们该如何教育呢？

最后，第八章提供了改进教师工作的多种方法。21 世纪的教师生活在精神紧张和过重的负担中。良好的教学需要通过不断调整来得到改进。这一章就如何在成功中不断进步，在错误中吸取教训，提供了一些建议。

从一个对教学漠不关心的研究生，到一个艰难挣扎的兼职教师，再到一位教学法写作者，一位修辞学讲师，我尝试着去总结我在这些经历中学到的东西，并将心得写进这本书里。我的每一个身份，都帮助我理解了教学中有哪些挑战，但其实，生活的方方面面都能够揭示出教学要面临的挑战。一旦你意识到教学的核心是试着帮助他人做出改变，你就会发现教学无处不在。

我认为，所有学者都应该是优秀的教师，教学应该是我们的工作核心。如果真如德里克·博克所写的那样，“大学的一个根本目标是帮助学生成长，发挥他们的潜力”，那么，我们普遍忽视训练和培养优秀教师，就必然是一个极其严重的问题。[①] 我们的研究生院不强调教学，我们的学校不充分奖励教学，我们也没有费心去评估自己的教学效果。要想大学完成其使命，我们就必须改变这一切。

我之所以将本书命名为《缺失的课程》(*The Missing Course*)，是因为我认为，大量的教学法训练应该成为各学科研究生的必修课。当我们以应有的严肃态度对待教学时，我们就会发现教学是学术研究的重要组成部分，而不是学术研究的干扰因素，我们就会重新致力于一种鼓舞人心的高等教育模式：我们带着我们的学生，一起去探索知识的新边界。

要成为一名优秀的教师，需要不断努力，但这并非什么高深莫测的事。只要下定决心恰当地理解学生、帮助学生，任何人都可以成为一位伟大的教师。我们要把这种驱动力——我如何帮助这些学生改变自己？——当作我们在课堂上的行事基础。

---

① Bok，359.

第一章

帮助学生自我修正：主动学习策略

任何从事教学工作的人都会遇到一件难事：你无法强迫他人学习。这看似显而易见，实际上却是一个至关重要的洞察，如果我们的大学想要更有效地教导学生，就需要更多的教师把这一点铭记于心。仅仅将信息告诉学生，或是给学生提供正确的书籍让他们去读，是不会带来长期的、显著的学习效果的。我们需要创造条件去帮助学生学习，让学生能够修正他们从前对我们试图帮助他们掌握的概念和技能的理解。这种修正必然是一个积极的过程；当我们在课堂上只是要求学生坐在那里听我们讲课时，学生就不太可能做出这种修正。用“主动学习策略”来充实课堂的做法就好得多：这样的活动旨在让学生参与课堂材料，面对自己理解能力的局限性，了解需要如何改变自己的思维，并练习我们希望他们发展的各项技能。

2013 年，华盛顿大学的斯科特·弗里曼(Scott Freeman)带领一组研究人员，开始深入分析有关以主动学习替代讲授式教学(lecturing)的研究。他们最终对 225 项研究进行了整合分析，这些研究比较了在科学、技术、工程和数学(STEM)课程中，当学生处于传统讲授式教学中和使用主动学习策略时的不同表现。为了避免偏见，该研究的研究方法非常谨慎，最后发现两类课程在学生学习效果方面存在显著差异。采用主动学习策略的学生课程平均成绩，比参与讲授式教学课程的学生的平均成绩高出半级（前者是B，后者是B-）。此外，讲授式课程的学生不及格的概率，是主动学习课程学生的1.5倍。结果一目了然。

有多一目了然呢？文章的作者们认为，如果这不是一项教育学研究，而是一项医学研究，那么该项目可能会“为利害而停止”——换言之，出于对受试者的道德责任而停止。我们可以想象，在不远的将来，研究人员会拒绝将讲授式课程当作一种教学模式对其进行研究，因为那样做是在不道德地强迫那些可怜的学生不得不忍受讲授式教学之苦。因此，作者们建议，今后的研究别再比较主动学习与讲授式教学，而应把重点放在确定哪些类型的主动学习效果最好之上。[①] 正如卡尔·维曼（Carl Wieman）在对该研究发表的评论中所补充的那样：“如果要测试一种新抗生素对治愈病人有多么有效，就应该将其与目前最好的抗生素放在一起进行比较，而不是将其与放血疗法放在一起进行比较。”[②]

研究结果并不出人意料。弗里曼等人的整合分析，有理有据地强

---

① Scott Freeman et al., “Active Learning Increases Student Performance in Science, Engineering, and Mathematics,” *Proceedings of the National Academy of Sciences* 111(2014):8410 - 8415.

② Carl E. Wieman, “Large-Scale Comparison of Science Teaching Methods Sends Clear Message,” *Proceedings of the National Academy of Sciences* 111(2014):8319 - 8320.

调了大多数教育研究人员多年来一直在说的话：最好的学习效果并非来自被动地听专家讲课，而是来自学生积极参与自己的教育、利用高阶思维，以及相互合作。① 整合分析所揭示出来的优势并不局限于那些显而易见的优势。许多研究表明，主动学习策略能够对处于传统弱势地位的学生群体产生极大的积极影响，缩小男、女学生之间以及白人学生与有色人种学生之间的所谓的成绩差距。② 还有研究表明，主动学习可以激发学生的学习热情。③ 另外还有研究发现，在课程中参与主动学习的学生，跟主要听从讲授的学生相比，更有可能发展出我们期望高等教育所能提供的高阶技能——批判性思维、创造性思维、解决问题的技能。④ 主动学习效果更好的证据是如此令人信服，以至

---

① 例如，见 Richard R. Hake, "Interactive-Engagement versus Traditional Methods: A Six-Thousand-Student Survey of Mechanics Test Data for Introductory Physics Courses," *American Journal of Physics* 66, no. 1(1998): 64 – 74; Dean Zollman, "Millikan Lecture 1995: Do They Just Sit There? Reflections on Helping Students Learn Physics," *American Journal of Physics* 64, no. 2 (1996): 114 – 119; and Maria Araceli Ruiz-Primo et al., "Impact of Undergraduate Science Course Innovations on Learning," *Science* 331, no. 6022(2011): 1269 – 1270.

② 见 Mercedes Lorenzo, Catherine H. Crouch, and Eric Mazur, "Reducing the Gender Gap in the Physics Classroom," *American Journal of Physics* 74, no. 2(2006): 118 – 122; and David C. Haak et al., "Increased Structure and Active Learning Reduce the Achievement Gap in Introductory Biology," *Science* 332(2011): 1213 – 1216.

③ Richa Thaman et al., "Promoting Active Learning in Respiratory Physiology — Positive Student Perception and Improved Outcomes," *National Journal of Physiology, Pharmacy and Pharmacology* 3, no. 1(2013): 27 – 34.

④ David Kember and Doris Y. P. Leung, "The Influence of Active Learning Experiences on the Development of Graduate Capabilities," *Studies in Higher Education* 30, no. 2 (April 2005): 155 – 170.

于一些教育研究者干脆将其称为“基于研究的教学策略”。

主动学习基于人类学习的建构主义观点——意思是我们在原有知识的基础上建构新的知识。虽然本书不会深入探讨我们是如何科学理解学习方式的，但了解建构主义学习模式很重要。①

我们过去认为，学习就像往一个罐子里装东西。如果你想教给学生一些东西，你就给他们提供相关的信息。一旦学生理解了这些信息，这些信息就会留在他们的大脑中，以备不时之需。那些还没有完全理解信息的学生，则需要更加努力地学习——通常这意味着要不断阅读和重读信息，直到记住信息为止。② 我在本科期间确实就是这样学习的。

现在我们了解了，学习更像是在修正。我们的学生会带着对世界和学科的某些看法来到我们的课堂上，这些先入之见是学习新观念过程中的至关重要的一部分。对一个接受教育的学生来说，他必须修正自己的现有认识，形成新的理解——这个过程是不会自动发生的。美国国家科学研究委员会(National Research Council)在其里程碑之作《人是如何学习的》(*How People Learn*)中指出：“有效教学的一个重要特征是，它能激发学生对所教学科的已有理解，并提供机会让学生

① 若需进一步了解建构主义学习理论，请参阅 John D. Bransford, Ann L. Brown, and Rodney R. Cocking, *How People Learn* (Washington, DC: National Academy Press, 2000); Catherine Twomey Fosnot, ed., *Constructivism: Theory, Perspectives, and Practice* (New York: Teachers College Press, 2005).

② 关于为什么重读是一种低效且往往适得其反的学习方式，请参阅 Peter C. Brown, Henry L. Roediger, and Mark A. McDaniel, *Make It Stick* (Cambridge, MA: Harvard University Press, 2014), 13 - 17.

在原有理解的基础上进行学习或质疑。”[①]“激发”这个词，是成功教学的关键，教师的任务是引导出学生的先入之见，并吸引学生作出修正。

这是建构主义(constructivism)的一个高度简化的版本，我认为，它体现了我们新、旧学习方式之间的核心差异。我们现在不再把学生视作等待被填满的罐子，而是认为学生必须积极参与学习过程，才能实现真正的学习。如果学生不愿意这么做，不付出努力，你就不可能让他们学到东西。也正因如此，讲授式教学的效果会大打折扣。仅仅告诉一个人他错了，是很难让他转变看法或信念的。哪怕有证据证明他的信念是错的，他往往还是会坚持他的信念，不去修正它们。[②] 持久学习所需的那种修正是艰难的，有时甚至是痛苦的，他人无法用外力促使其达成。学生必须积极主动。

从这个意义上说，研究文献中的“主动学习”涵盖了大量的教学实践；从本质上说，它是“除讲授式教学之外的任何东西”。任何要求学生积极参与自己学习的活动——频繁考试并即时反馈、小组合作、讨论、角色扮演游戏——似乎都好于学生被动地坐着听讲。但是，特莎·安德鲁斯(Tessa Andrews)带领的一项稀奇的研究表明，这种宽泛的定义可能意味着，我们需要对迄今为止一致的研究结论做出一两点补充。

---

① Bransford, Brown, and Cocking, *How People Learn*, 15.

② 例如，可参阅 Brendan Nyhan and Jason Reifler, “When Corrections Fail: The Persistence of Political Misperceptions,” *Political Behavior* 32, no. 2(2010): 303–330; Brendan Nyhan et al., “Effective Messages in Vaccine Promotion: A Randomized Trial,” *Pediatrics* 133, no. 4(2014): e835–e842.

我之所以说“稀奇”，是因为安德鲁斯等人的研究或多或少表明，主动学习的效果可能有限。这项题为《主动学习与大学生物学课程中随机抽样学生的学习无关》(“Active Learning *Not* Associated with Student Learning in a Random Sample of College Biology Courses”)的研究，确实发现主动学习与讲授式教学相比并没有明显优势。这项研究的细节很吸引人，我认为它提出了一些值得探究的重要问题。①

作者指出，在许多教学法研究中，被研究课程的教师本身都是教育研究者——那些设计研究的人。我们难道不应该期望毕生致力于研究教育的教育研究人员，成为见多识广、尽职尽责的教师吗？而如果我们能设计一项研究，去比较“普通”教师所教授的课程中的主动学习与讲授式教学的效果，结果会怎样？这正是这项研究尝试回答的问题。

研究人员对美国各大院校的生物学入门课程进行了随机抽样，最终获得了在28所院校的33名教师所教授的29门课程的数据。他们收集了课程中使用的教学方法(特别是主动学习策略的使用频率)和学生学习情况(通过对比考试前后的学习结果)的数据。上文已经提到了这篇文章的名字，所以你已经知道了结论，但还是值得再重复一下结论：研究发现，学生在课堂上有多么主动，与学生在课程中学到了多少东西没有显著关系。如果学生在某一堂课上学到的知识比另一堂课多，那并不是因为老师给了他们更多的主动学习的机会。

---

① Tessa M. Andrews et al., “Active Learning *Not* Associated with Student Learning in a Random Sample of College Biology Courses,” *CBE-Life Sciences* Education 10 (2011):394 - 405.

那么这意味着什么？

对于这项研究的作者来说，研究结果证实了当初促成这项研究的担忧："在以前的研究中，大多数使用主动学习策略的教师，都有科学教育研究的背景。在研究过程中获得的专业知识，很可能能令这些教师更有效地使用主动学习策略。"[①]从某种意义上说，这是显而易见的；经验丰富的教师比起新手教师来说，就是能达到更好的教学效果。但这也强调了一个重要观点：主动学习策略本身并不是灵丹妙药。你不能只是使用这些策略，你得知道该如何很好地使用它们。

教育研究人员拥有哪些"普通"教师所缺乏的专业知识？该研究的作者认为，也许被研究的普通教师们并不完全了解建构主义学习模式。作者认为，"如果没有这方面的专业知识，那么教师所使用的主动学习的做法，可能只与文献中所描述的做法在表面上相似，而缺乏提高学习效果所必需的建构主义元素"。充分理解建构主义可能是将主动学习策略正确地付诸实践的必要条件。这一观点得到了以下事实的证实：教师纠正学生错误观念的频率——即教师帮助学生修正原有知识的程度——与学生的学习效果呈正相关。[②] 也许你得知道为什么主动学习有效，才能知道它如何才能发挥最大作用。[③]

作为一个科学研究主题，主动学习还是个比较新的现象。尽管与

---

① Andrews et al., "Active Learning *Not* Associated with Student Learning," 400.

② Andrews et al., 400.

③ 1996 年的一项研究发现，信奉建构主义的教师更有可能拥有"更丰富的教学策略"，也更有可能使用"可能更有效的教学策略来引导学生改变观念"。Maher Z. Hashweh, "Effects of Science Teachers' Epistemological Beliefs in Teaching," *Journal of Research in Science Teaching* 33, no.1(1996):47.

传统的讲授式教学相比，主动学习的总体优势似乎已经相当明显，但仍有很多我们不了解的地方。随着研究的深入，我们会越来越了解主动学习的作用机制，知道哪种策略更有效，以及如何更好地将这些策略付诸实践。

关于建构主义，我需要了解什么？

● 建构主义认为，真理不是被发现或被揭示出来的东西，而是有争议的、偶然的，是由参与社会话语共同体的人们创造出来的。这意味着，我们不能只是把学生需要知道的东西告诉学生，而后就当教学完成了；学生需要通过主动参与，来创造他们自己对世界的理解。我们的任务就是为这种参与创造条件。

● 建构主义认为，学习是一个过程，这个过程始于面对既有的世界模式与偏离这些模式的新见解之间的差异。矛盾和失调预示着学习。这意味着，好的教学要从引出学生的先入之见开始。如果有人打电话给你，问去你家的路该怎么走，你首先要问的是“你现在在哪里？”一旦你——和学生——都知道学生在哪里，你就可以帮助他们到达他们要去的地方。要先设计一些活动，向学生揭示出他们现有理解的不足之处。

● 学习要构建新的现实模型，以便将先前的模型与新信息相协调。这通常需要反思，以便概括新的经验并得出结论。我们为学生设计的活动，应当允许他们提出问题、提出假设，并尝试可能的解决方案。我们应该为学生提供大量反思课程活动的机会，为学生提供时间和空间去巩固所学知识，从具体个例中得出一般特性。

- 建构主义还认为，人类是社会性的存在，人类通过社会活动和社群内的辩论不断更新自己对世界的理解。这意味着我们应当尽可能地利用课堂环境，创造条件让学生形成真正的共同体，以检验看法、争辩结论和理解其他观点。

与此同时，本书的目标之一是帮助教师在使用主动学习策略时，能够具体而细致地理解其目的。我并不认为你非得成为职业的教育研究者，才能让你的学生享受到主动学习的好处。但我确实认为思维模式很重要：知道你想在课堂上达到什么目标，并想清楚你的教学方法要如何帮助你达到这些目标，这是确保你自己和学生获得成功的最佳方法。

一旦你接受了建构主义学习观念，那么接下来你的首要任务就是改变你的教学方法。如果我们承认学生在参与各种活动时学习效果最佳，在这些活动中，学生能提出自己的先入之见并加以修正，那么我们就必须调整我们的教学重点。这就要求我们从“我今天要讲什么？”转变为“学生们今天要做什么？”以及“我如何引导学生成功做好这件事？”。

介绍主动学习策略并对抗阻力

至少对我来说，引导工作从第一次上课就开始了。我们的许多学生可能习惯于在家做功课，上课时就坐着听课，吸收教师想要传达的信息。主动学习要求学生摆脱仅仅听讲和记笔记的被动角色。学生必须成为课堂活动的主人公。你会遇到有人反对你的教学方法,这是正常的,也是意料之中的。特别是在学期之初,你的工作之一就是推销你想要引入的主动学习策略。

我认为事先跟学生明确这一点很重要。正如我指出的那样,期望学生能主动参与课程,这可能会让一些人感到有些震惊。因此,你得为你的教学选择做出辩护。我告诉我的学生,我们将使用主动学习的方法,并明确说明了对他们的期望。要读一读有关主动学习有好处的资料,尤其是在学期之初,要让你的学生知道你设计的课程方法基于充分的研究。把学生当成你需要合作的同事,他们就更有可能接受新的方法。

我会向学生询问其他课程的情况,尤其是大型的讲授式课程。我会试着让学生思考和谈论他们的学习经历:他们认为自己从讲授式课程中学到了很多东西吗?他们心目中最好的老师是什么样的?他们最喜欢的课程是什么?我会向他们解释主动学习法背后的一些科学原理,给他们简要介绍建构主义,并询问那样的学习理念是否与他们的经历相符。有时我会请学生讲述自己最难忘的学习经历,让他们明白,只有积极主动地参与学习过程,学习的效果才会最好。

主动学习法的成功离不开学生的充分参与,但你不能认为学生的参与是理所当然的。在整个学期中,要养成在介绍每项活动时解释其背后理由的习惯。要让你的学生知道为什么某项练习或某个主题对他们有用,无论是对他们的期末成绩还是(或者更好的是)对他们在课堂以外的生活有用。使用评分标准,或有评注的往届学生作业做示例，来说明你将如何评估他们的作业。尽早并经常告知他们的课程表现如何。如果你能自始至终营造一种公开透明的课堂氛围，学生就不太可能抵制你的教学法。①

有些学生可能会反对你在课堂上融入主动学习策略，原因很简单，因为你过于依赖某一种活动了。如果你总是让学生围绕阅读材料进行小组讨论，以此来让学生保持活跃，那么你就会遇到一些问题。你得让你的教学既能令喜欢合作的外向型学生受益，又能令擅长课堂写作的书虫受益。要定期进行混合式教学，让每个学生都能保持积极性。

搭建高参与度课堂

当你把课堂变成主动学习型课堂时，学生的参与就变得不可或缺了。主动学习策略要求学生发挥主导作用，所以，如果你打算把此类策略引入你的课堂，就需要努力确保学生能参与进来。我们该如何创造条件，来让参与成为常态而非例外呢？

得克萨斯大学奥斯汀分校的兰塞姆中心收藏着大卫·福斯特·华莱士（David Foster Wallace）的档案，包含他的草稿、笔记本和少年读物，其中还有他的一些教学资料。我特别喜欢他的一份教学大纲中的这段话（我自己的教学大纲中也有类似的内容）：

---

① 玛丽-安·温克尔梅斯（Mary-Ann Winkelmes）通过她的“高等教育教与学透明化项目”，在推广这种公开透明的教学实践方面做了大量工作。该项目的网站提供了大量通过高透明度手段，去提高学习效果的研究成果和实用策略。

> 我禁止你们因为担心自己的提问或评论会听起来浅显、不成熟、蹩脚或愚蠢,就不提出问题或不发表评论。因为批判性阅读和散文小说是很难研究的,看似愚蠢的评论或问题都可能是有价值的,乃至深刻的。我非常重视营造一种课堂氛围,让每个人都能自由地提出或谈论自己想说的任何事情。因此,任何学生如果在课堂上抱怨、傻笑、模仿机关枪射击、咯咯笑、翻白眼,或以任何方式嘲笑其他学生的课堂提问或评论,都会被私下警告,如果再犯,就会被逐出课堂并挂科,不管那是第几周。①

对于你来说,这样的教学风格可能有点太过了,但华莱士强调要创建一个安全的、有支持力的社群,这指出了主动学习型课堂的一个基本要素。研究表明,比起教师的特定特征或行为,学生自己、学生的个人特征和群体的整体特征,才是影响学生参与与否的最重要因素。但教师可以采取很多措施来帮助塑造这种课堂社群。

20 世纪 90 年代,明尼苏达州康考迪亚学院的社会学教授波莉·法辛格(Polly Fassinger)对她读到的有关学生为何参与或不参与大学课堂的研究很感兴趣。她读到的大多数研究都关注教师的行为,说一些教师似乎营造出了某种课堂环境,造成学生不太可能发言或参与。但作为一名社会学家,法辛格接受的学术训练令她怀疑这些研究是否

---

① David Foster Wallace, "Syllabus for David Foster Wallace's class 'English 102-Literary Analysis: Prose Fiction Fall '94,'" David Foster Wallace Papers, Harry Ransom Center, University of Texas at Austin, 3-4.

忽略了一些关键的因素：课堂上的学生是一个群体。社会学有研究群体的悠久传统，关注群体特征会如何对个人行为产生深远影响。法辛格决定在学期中段对学生进行调研，不仅考查他们参与课堂的频率，还考察他们的个人特质、群体特征以及他们对教师的看法。

法辛格在一系列文章中详细介绍了她的研究结果，其中有些结果令人吃惊。她发现，“教师们的人际交往风格”——教师是否能促进讨论，是否给学生足够的时间来回应，是否会打断学生发言——“对学生是否在课堂上发言没有直接影响”。[①] 相反，她发现最能影响学生参与课堂的因素，是学生的自信程度和学生对课堂氛围的感知结果。学生在课堂上越自信，就越有可能大胆发言和充分参与。此外，法辛格还发现，学生越能感受到课堂是包容的、鼓励的、专注的，就越能在课堂上感到自信。[②] 在参与度的影响要素方面，学生对同学的看法，以及对身边同侪是否友好的看法，似乎比学生对教师的看法还要重要。[③]

---

① Polly A. Fassinger, “Classes Are Groups: Thinking Sociologically about Teaching,” *College Teaching* 45, no. 1(1997):23.

② Fassinger, 23.

③ 另见 Polly A. Fassinger, “Professors’ and Students’ Perceptions of Why Students Participate in Class,” *Teaching Sociology* 24, no. 1 (1996): 25 – 33; Polly A. Fassinger, “How Classes Influence Students’ Participation in College Classrooms,” *Journal of Classroom Interaction* 35, no. 2(2000):38 – 47; Robert J. Sidelinger and Melanie Booth-Butterfield, “Co-constructing Student Involvement: An Examination of Teacher Confirmation and Student-to-Student Connectedness in the College Classroom,” *Communication Education* 59, no. 2(2010):165 – 184; Jennifer Moffett et al., “An Investigation into the Factors That Encourage Learner Participation （转下页）

但这并不意味着教师无关紧要。法辛格和多年来能证实其结论的许多研究人员都指出，学生不把自己的参与情况归因于教师，并不意味着教师就不重要。学生可能并不总是很清楚自己为什么会在某一堂课上发言，而在另一堂课上不发言。教师在塑造课堂环境，让学生群体更包容方面，可以发挥重要作用。即使教师的任何行动都没能令学生更多地参与进来，我们也可以努力创造条件，使更多的参与成为可能。

特别是在学期之初，我们应当注重营造一种课堂环境，让学生感到自己被尊重、被倾听、被鼓励做真实的自己。但我们不能忘记，无论我们喜欢与否，学生在塑造这种环境方面发挥着重要作用。本书第二章专门讨论了让学生成为课堂主导者的各种策略，这里想要强调的是社交方面：如果课堂环境是支持性的、鼓励性的，那么学生就更有可能在课堂上得到成长。

在课程早期阶段，要给学生提供大量非正式交流的机会，让他们认识彼此。如果你的班级规模不大，请让学生知道彼此的名字。许多教师会在学期开始时让学生制作名片：三乘五英寸的卡片，上面有他们的名字，有时还有其他相关信息。你可以用这些卡片来帮助学生快速认识彼此——在每节课开始时，将卡片交给不同的学生来分发。或者你也可以自己留着这些卡片，随机决定叫谁起来回答问题。

（接上页）in a Large Group Medical Classroom," *Advances in Medical Education and Practice* 5(2014): 65 – 71; and Süleyman Nihat Şad and Niyazi Özer, "Silent Scream: 'I Do Not Want to Participate Professor!,'" *Procedia-Social and Behavioral Sciences* 116(2014):2532 – 2536.

当学生能够认识和信任彼此时，他们就更有可能在课堂上敞开心扉，充分参与到课堂活动中。记住，这就是我们的目标。充分参与——每位学生都全身心地投入当天的活动——是主动学习策略取得成功的前提。因此，通过鼓励学生建立人与人之间的联系来奠定基础是个好主意。

杰伊·霍华德(Jay Howard)在《大学课堂讨论》(*Discussion in the College Classroom*)一书中广泛研究了这一主题，他建议在学期之初就想方设法让学生合作完成作业。让学生主要以两人一队或分成小组的形式一起参与。[①] 我整个学期都让学生分成小组。在课程刚开始的几周里，刚刚相互认识的学生能依靠小组的力量，以一种不那么公开的形式进行交流。让学生一起制订某些课程政策(比如我在第二章中所建议的那样)，也是一个鼓励学生建立起有凝聚力的共同体的好办法。

让学生发言

你每天最关心的学生参与情况，可能就是学生是否在课堂上发言。任何教书超过一周的教师都会告诉你，再巧妙、再精心策划的课堂策略，在学生的沉默面前都会碰壁。我们都上过这样的课，不管是出于什么原因，学生就是不想开口发言。那我们该怎么办?

---

① Jay R. Howard, *Discussion in the College Classroom: Getting Your Students Engaged and Participating in Person and Online* (San Francisco: John Wiley & Sons, 2015), 38 - 39.

我认为，我们首先要强调讨论的优先级。你要让学生知道，讨论对课程、对他们的学习、对他们的成绩来说都是不可或缺的，这一点很重要。在学期之初，就要明确说明为什么你希望每个学生都参与讨论。在教学大纲中也要专门阐述其理由。让课堂参与的成绩至少占期末总成绩的10%（我的要求是20%），并定期告知学生课堂参与的成绩，提醒学生他们的责任。虽然过分强调课堂参与成绩可能会适得其反，[①]但课堂参与成绩和主要作业的成绩同样重要这一简单事实，能让学生明白你重视什么。

你还可以将讨论设置成课堂的常规环节。在每堂课开始时提出一个问题供讨论。当你每次都这么做——或许可以给学生几分钟时间先写下自己的想法——学生就会养成在课上随时准备发言的习惯。或者，如果你更喜欢在开始上课时作简短的讲演或演示，那么可以尝试先在黑板上写一个开放性的讨论话题，这样学生就可以开始思考你的讲演会引出哪些讨论。

我的教学大纲中的参与政策（请随意参考，我从其他老师那里参考了部分内容）

积极参加课堂活动很重要，怎么强调这一点都不过分。研究一致表明，参与学习过程的学生比不参与的学生学得更多，记住知识的时间更长。如果只是被动地听老师讲课，你的学习效果不会很

① 正如我在第二章和第五章中详细解释的那样，过于依赖外在动力实际上会削弱学生的内在动力。

好。因此，这门课会对你提出很多要求。你要准备好与我和其他同学一起讨论当天的话题。你将通过各种课堂练习，比如小组学习和其他方式，来练习所学技能。此外，你还将在其他同学的教育中发挥重要作用——你将帮助他们学到更多知识，而他们也会反过来帮助你。

你的课堂参与成绩将基于你在课堂活动和讨论中帮助提高讨论水平的表现。一直说话不等于积极参与；事实上，说话过多还会导致失衡，令他人感到不适。积极倾听其他同学的发言，对他人的评论做出回应，反思和借鉴他人的观点，这样才能获得比较好的课堂参与成绩。

我致力于营造一种课堂环境，在这一环境中，任何人都可以自由提问、提出疑虑、发表意见等等。这个课堂是你们的课堂。请不要因为害怕问题听起来愚蠢、不成熟或浅显而不敢提问。有时候，陈词滥调反而真实：至少在我的课堂上，不存在愚蠢的问题。

虽然我致力于建立民主的课堂，让学生在很大程度上发挥控制权，但我也认为我拥有作为教师的制度性权威。我会利用这一权威，禁止任何会让班上其他人感到不舒服或成为嘲笑对象的行为。你应该礼貌、尊重地对待你的同学和我。所有学生都要在我的课堂上有归属感，我会努力维护这样的课堂环境。

哪怕你大部分时间都在进行讲授式教学（但愿我已经说服了你），你也要经常组织讨论。你需要让学生明白，参与是不容商量的。尽早并经常组织讨论，比在课堂上滔滔不绝地讲上一个小时，然后问“有问题吗?”要好得多。

在课堂上,你可以通过设问、承认自己没有把握、说出思考等方式,来示范你希望学生在课堂上如何展现好奇心。要通过你的行动让学生知道,笨拙地摸索答案也是可行的——事实上,这是被鼓励的。本着这个思路,哪怕学生说错了,也要感谢他们的发言。你不需要对他们撒谎或不真诚,只需真心地感谢他们的参与。

不要害怕沉默。在向全班同学提问后,要准备好会出现整整 10 秒甚至 15 秒的沉默。假如没有人立即回应,你就急着回答你提出的问题,那么学生就会得到这样的讯息:他们其实并不需要大声说出来。相反,应该让你的问题悬而不决。如果有必要,可以把问题重新表述一遍,不要因为没有人立即回答就放弃讨论。

那么随机点名提问(cold calling)怎么样?

对很多教师来说,包括我自己在内,点名叫学生回答问题是一件很难的事。这么做不符合我想成为的那种教师形象,我不想成为令学生畏缩的权威人物。我不想让学生感到难堪,不想吓唬他们去学习。我教的不是法律,没有必要盘问学生,看他们在压力下是如何表现的。我的感觉是,如果我必须强迫学生参与讨论,我一定是做错了什么。

此外,点名要求学生发言,这难道不会破坏我方才建议我们努力创造的积极课堂氛围吗?

其实,关于这个话题有一些有趣的研究,研究表明,我们不应该回避随机点名提问,我们要转变对它的看法。2013 年,美国东北大学的埃莉斯·达利莫尔(Elise Dallimore)和她的同事对一门本科生会计课程进行了研究,结果发现,随着随机点名提问的频率提高,学生自愿参与讨论的频率也会提高。此外，在那些教师经常叫学生发言的课堂上，学生的自愿参与度也会随着时间推进而逐渐提高。[①]

研究结果表明，参与大学课堂讨论是一项技能——就像其他技能一样，它需要练习。叫学生发言，可以让他们开口说话，锻炼他们的表达能力。这种锻炼可以鼓励学生无需被点名就自愿进一步参与课堂。用这项研究的作者的话来说，“随机点名提问能鼓励学生准备得更好，参与得更频繁；他们准备得越好，参与得越频繁，他们在参与时就越能感到自在。”[②]我认为，上述解释中对学生自在程度的强调，可以帮助我们改变对随机点名提问的看法。我们不希望学生在课堂参与中是不自在的；这有违我们的目标。因此，不必将随机点名提问视为让学生证明自己水平的有敌意的要求，而要将其视为对学生参与讨论的热情邀请。

请记住：我们不愿叫学生回答问题的原因——担心学生在发言时会感到不自在——实际上正是一个很好的提问的理由。如果我们因为害怕让学生当众难堪，就不鼓励他们敞开心扉去发言，这反而会对他们不利。能够当众发言，能够在被提问时保持冷静，是学生们一生都需要做到的事。就像我们会要求学生写论文或参加考试一样，我们也应该要求他们在课堂上对课程材料作出回应。

因此，请在课堂讨论中叫学生发言——但态度要正确。你不是要

---

① Elise J. Dallimore, Julie H. Hertenstein, and Marjorie B. Platt, “Impact of Cold-Calling on Student Voluntary Participation,” *Journal of Management Education* 37 (2013):305 - 341.

② Dallimore, Hertenstein, and Platt, 331.

让他们难堪。你是对他们的观点和他们对所讨论问题的理解感到好奇。他们的想法很重要——无论是对他们自己的学习，还是对其他同学的学习来说都很重要。早些时候的一项研究（也是由达利莫尔带领的）表明，一个学生的参与会对另一个学生的学习产生积极的影响——学生的参与能带来共同提升。① 所以，通过吓唬学生的方式令他们参与课堂讨论没什么意义，我们得邀请他们参与进来。

我还能时不时进行讲授式教学吗？

出于班级规模、课程内容或院系政策等原因，你可能无法选择放弃以讲授为主的课程。不用担心。我们中的许多人都曾接受过以讲授为主的教学方式，我们仍然学到了很多东西（对吧？）。我对迈克尔·布里斯托尔（Michael Bristol）20 多年前在麦吉尔大学的一次讲授式课程记忆犹新，课上他对《哈姆雷特》中的“葬礼中剩下来的残羹冷炙”（“funeral baked meats”）②侃侃而谈了十来分钟。即使教学的方法策略正从讲授转向主动学习，记住这一点也很重要：讲授本身并不是什么问题。我们需要避免的是仅仅讲授，即教学法学者德里克·布拉

---

① Elise J. Dallimore, Julie H. Hertenstein, and Marjorie B. Platt, "Class Participation in Accounting Courses: Factors That Affect Student Comfort and Learning," *Issues in Accounting Education* 25(2010):613–629.

② 这里截取了朱生豪先生对原句的翻译。见莎士比亚著，朱生豪译：《哈姆雷特》，译林出版社 2013 年版，第 12 页。——译注

夫(Derek Bruff)所说的“教师持续讲解”。[1]

要想知道何时可以，以及可以如何进行讲授式教学，我们需要了解告诉的好处和坏处。

如果你知道一些重要的信息，并认为你的学生也应该知道，你当然可以把信息告诉他们。如果一个朋友打电话问你，如何做你拿手的烩饭，你不会用苏格拉底教学法让他自己去探索食谱，你会直接告诉他，告诉是传达具体信息的绝佳方法。在很多情况下，我们的学生需要具体的信息。如果要传达重要的事实，如果要用一则具体的应用性故事来说明一个概念，如果要解释一场冲突的历史起源，那么你就可以采取最简单的方法，直接告诉你的学生。

告诉不适用于向学生传授复杂的思想、概念性知识或难以掌握的技能。唐纳德·芬克尔(Donald Finkel)在其 2000 年出版的《闭嘴教学》(*Teaching with Your Mouth Shut*)一书中，以指方向为例：“当我告诉我的朋友该如何去我家时，我是令他解决了一个具体的问题(如何去我家)，但我并没有丰富他对地理、交通、导航或其他任何事情的理解。他并不需要在消化完我的指示之后改变思考方式，他并没有加深或拓宽对世界的理解。他只是获得了一些服务于特定目的的事实。”[2]我们要让学生获得的不仅仅是特定的信息——不是仅仅知道一系列事实，而是还要形成理解——为此我们需要设计学习体验，让学生在体验中自

---

① Derek Bruff, “In Defense of Continuous Exposition by the Teacher,” *Agile Learning* (blog), September 15, 2015, http://derekbruff.org/?p=3126.

② Donald L. Finkel, *Teaching with Your Mouth Shut* (Portsmouth, NH: Boynton/Cook, 2000), 3.

已获得理解，也就是说，主动地获得理解。如果你只是一味地讲授，不给学生参与的机会——让他们尝试自己解决问题、回答问题、预测复杂现象的后果——那你还不如给他们放一段视频。

我们的目标是让学生参与进来，而试图仅仅用娴熟的语言技巧吸引学生来参与是不可取的。本书介绍的许多（甚至可能是全部）策略都可以用来打破讲授式教学的局面，不过有些策略还需要你根据自己的目的进行调整。即便只是时不时地暂停一下讲授，问一问学生他们对所讨论主题已有哪些知识，也能帮助学生修正观点（而且还能确保他们保持清醒）。这里还有一些想法，能帮助你即使不离开讲台，也能确保学生保持活跃、参与课堂。

堪萨斯州立大学的建筑学副教授米克·查尼（Mick Charney）曾写过文章，介绍如何在授课过程中使用小测验来让学生集中注意力。开始上课时，他会发给学生一份包含10道选择题的小测验，并告诉学生，答案就在当天的讲授内容中。学生需要专心听讲才能答对，如果他们能做到专心听讲找答案，那这就是些送分题了：你都把答案告诉他们了。你可以在下课时收回试卷，让小测验的成绩在期末成绩中占一小部分。批改不需要花费太多时间——因为是选择题，而且大多数学生应该都能答对。①

这是一种让学生参与讲授式课程的相对省力的简单方法。我认为，更好的做法是，让学生在开始上课之前快速做完测验题，然后在听

---

① Mick Charney, "Active Processing Using 'Quizzes-on-the-Go,'" *The Scholarly Teacher* (blog), December 1, 2014, https://www.scholarlyteacher.com/blog/using-quizzes-on-the-go.

讲过程中纠正自己的答案。这种方法有助于让学生知道自己尚未理解哪些知识，让他们对自己的思考进行思考——这对成功学习来说很关键（我将在第二章中更详细地讨论元认知——对思考作出思考——的价值）。

这种做法——在讲课前发给学生一个小测验，先不给他们提供答案——被纽约州立大学奥尔巴尼分校的一些学者称为“天真任务”（“naive task”）。在“天真任务”中，教师会要求学生完成一项他们尚未掌握必要知识或技能的挑战。这种挑战通常需要学生作出预测。物理教师可能会给学生出一道题：“一只金丝雀被关在一个密封的瓶子里，瓶子放在秤上。如果金丝雀在瓶子里飞起来，秤上的读数会发生什么变化？”[1]学生们要一起努力预测会发生什么，而如果没有质量和力的相关知识，他们就无法做出合理的解释。纽约州立大学奥尔巴尼分校的比尔·罗伯逊（Bill Roberson）和比利·弗兰奇尼（Billie Franchini）的研究表明，“学生在获得关键信息之前就做出判断并为之辩护，这样做可以让他们意识到，最终提供给他们的关键信息将是一个有价值的工具或资源。”[2]在学生尝试完成一个“天真任务”之后，你可以做一段简短的讲授，给学生提供他们需要的信息，他们会有学习的意愿。“天真任务”的教学效果很好，因为其向学生揭示了他们的知识盲区——你的讲授可以填补这些盲区。学生如果是带着自己的先入之见去尝试完成一项任务的话，他们就更有可能利用你提供的信息

① 这个例子取自 Finkel, *Teaching with Your Mouth Shut*, 16.

② Bill Roberson and Billie Franchini, “Effective Task Design for the TBL Classroom,” *Journal on Excellence in College Teaching* 25(2014):281.

得出新的看法。

但我教的是自然科学——我怎么能放弃讲授式教学呢？

许多自然科学领域的教师在阅读本节内容时，可能会持怀疑态度——讲授式教学在大学自然科学教学中根深蒂固，要脱离它似乎是不可能的。但是，人们在探索更有效的自然科学教学法方面，已经做了很多出色的工作[①]——尤其是自20世纪90年代以来，当时有很多人呼吁重塑自然科学教育，因为研究表明，自然科学专业的入学人数明显下降。以下是一些具体的建议，可帮助你避免仅仅采用讲授式教学法。

从演绎法转向归纳法

安杰拉·鲍尔-丹托因(Angela Bauer-Dantoin)曾撰文介绍了一些教师，尤其是生物科学教师摆脱讲授式教学的一条路径：从演绎式教学模式转向归纳式教学模式。“归纳式教学不是先教授各种

---

① 德博拉·艾伦(Deborah Allen)和金伯利·坦纳(Kimberly Tanner)的研究成果，为想要在课堂上采用更多主动学习策略的自然科学教师提供了丰富的思路。这两位生物学家在《CBE：生命科学教育》(*CBE — Life Sciences Education*)期刊上合作发表了一系列关于自然科学教学的论文。这些文章被收录在一本书中，这本书现在已经很难找到了，最好的办法是在该期刊的网站上阅读，标题为“生物学教与学方法”(“Approaches to Biology Teaching and Learning.”)。请参阅“*CBE — Life Sciences Education*,” The American Society for Cell Biology, accessed January 24, 2019, https://www.lifescied.org; and Deborah Allen and Kimberly D. Tanner, *Transformations: Approaches to College Science Teaching* (New York: WH Freeman, 2009).

理论或一般原理，然后再讲这些理论或原理的应用（生物学讲授式课程通常采用演绎式教学法），而是通过向学生呈现需要解决的问题或案例来促进学习（通常以小组为单位进行），学生在确定有必要了解相关原理或理论后，再对它们进行探索或讨论。”[①]在讲解一般理论之前，先让学生参与解决问题或预测活动，这么做可以鼓励学生自己构建概念性知识——他们会明白为什么会存在这种理论或原理，并理解其效用。

让学生互教互学

多年来，哈佛大学的埃里克·马祖尔（Eric Mazur）因其在物理课上采用“同伴教学法”（“peer instruction”）而备受关注。[②] 马祖尔曾发现，哪怕是那些在他的课上考试成绩很好的学生，也只不过学到了“机械套用”（plug and chug）而已。于是他开发了一套系统，让学生深入参与并相互讲解概念，而教师则能够针对他们的需求做出回应。

同伴教学通常是这样进行的：

---

① Angela Bauer-Dantoin, “The Evolution of Scientific Teaching within the Biological Sciences,” in *Exploring Signature Pedagogies: Approaches to Teaching Disciplinary Habits of Mind*, ed. Regan A. R. Gurung, Nancy L. Chick, and Aeron Haynie (Sterling, VA: Stylus, 2009), 229.

② 见 Eric Mazur, *Peer Instruction: A User's Manual* (Upper Saddle River, NJ: Prentice Hall, 1997); and Mark J. Lattery, “Signature Pedagogies in Introductory Physics,” in Gurung, Chick, and Haynie, *Exploring Signature Pedagogies*, 287–288.

● 教师简要讲授一个概念或问题(一般为 5~7 分钟)。

● 学生就讲授内容做小测验,小测验的问题基于往届学生遇到的难题。学生用点击器或手机输入答案,全班同学的集体回答会显示在教室前方的屏幕上。

● 然后,学生与各自的同伴进行讨论,试着证明自己的回答是正确的。

● 讨论结束后,学生再次通过点击系统回答问题。

● 最后,教师再做一次简短的讲授,解释为什么常见的错误是错误的,为什么正确的回答是正确的。

马祖尔报告说,学生的讨论哪怕只有两分钟,也会使第二次测验中正确答案的数量大大增加。这是种很好的方法,它能利用技术去确保教师在进行讲授式教学时,仍能对学生作出回应。

循环教学

许多自然科学教师发现,5E 教学模式可以很好地替代讲授式教学。[①] 这是一种源自 K—12 领域的循环教学方法。通过循环开展一系列学生活动,教师可以避免课堂单调乏味,确保学生能以一种建设性的方式积极参与课堂。在每节课上,都要遵循这种循环:

---

① 见 Lena Ballone Duran and Emilio Duran, "The 5E Instructional Model: A Learning Cycle Approach for Inquiry-Based Science Teaching," *Science Education Review* 3, no. 2(2004): 49 - 58; and Diane Ebert-May, Carol Brewer, and Sylvester Allred, "Innovation in Large Lectures: Teaching for Active Learning," *Bioscience* 47, no. 9 (1997): 601 - 607.

- 参与(Engagement):引入一个简短的活动,或阅读材料或播放一个视频片段,引起学生对该主题的兴趣,令他们想了解更多。这也是一个了解学生已有哪些知识,和可能存在哪些误解的机会。
- 探索(Exploration):让学生参与活动,亲身体验概念及其运作机制。
- 解释(Explanation):请学生试着分析和解释这一现象,他们能用语言描述出来吗?引导学生描述他们的理解,说出自己还不明白的地方。
- 阐述(Elaboration):通过为核心概念提供新的应用场景和语境,来加深学生的理解。学生通过在新的环境中作出应用,来检验他们的假设。
- 评估(Evaluation):通过考试或更非正式一些的方式,如让学生相互测试,去评估学生学到了多少知识。

另一个想法来自塔玛拉·罗齐尔(Tamara Rosier),她曾是一名学者,现在领导着一家名叫"橡果领导力"(Acorn Leadership)的咨询公司。这种方法被称为"知识评级"("knowledge ratings"),该方法要求学生在上课时注意自己对某一话题的了解程度。① 上课开始时,要求

① Tamara Rosier, "Filling in the Gaps: Emphasizing Thinking about One's Own Thinking," *The Scholarly Teacher* (blog), August 1, 2014, https://www.scholarlyteacher.com/blog/filling-in-the-gaps.

学生用 0～3 分的标准给自己对该话题的了解程度打分，0 分表示对该话题一无所知，3 分表示非常了解。告诉学生，我们的目标是在下课之前让每个人都达到 3 分。

课程过半时暂停一下，让学生重新评估自己的知识等级。他们有没有进步？然后请学生写下他们对该话题仍有疑问的地方。是什么问题阻碍了他们达到 3 分？如果时间充裕，不妨让学生大声说出这些问题，这样你就可以在后半节课集中去讲学生仍然不明白的内容。下课时再这么做一遍，并向他们解释，他们应该在开始写当晚的作业或读阅读材料之前争取达到 3 分。

小组合作是主动学习教学法中的常用手段，将学生分成小组，能令学生更加积极地在讲授式课程中参与当天的授课主题。特别是在人数很多的班级中，将学生分成小组，可以消除学生宛如坐在剧院里观看表演的感觉。① 我通常认为最好的小组是两人小组。

让学生结成两人小组而不是让他们分成大组，这样做的好处是快得多：不需要花时间决定谁去哪个组（只需转向坐在你旁边的那个人），而且学生也能更快融入小组。它还有一个好处，那就是让学生无处可藏。每个人都要对自己的搭档负责，人数较多的小组并不总能做到这样。

---

① 关于在大型讲授式课堂中开展小组合作的好处，请参阅 James L. Cooper and Pamela Robinson, "The Argument for Making Large Classes Seem Small," *New Directions for Teaching and Learning* 81(2000): 5 - 16; Ani Yazedjian and Brittany Boyle Kolkhorst, "Implementing Small-Group Activities in Large Lecture Classes," *College Teaching* 55, no.4(2007):164 - 169. 同样，埃里克·马祖尔的同伴教学法也提供了一种系统的方法，能让学生在上课过程中持续参与、保持兴趣。参见 Mazur, *Peer Instruction*.

在学生结成对子后，你要做些什么？思考—结对—分享的“课堂评估技巧”之所以能成为经典教学技巧，是有原因的。[①] 你可以中断你的讲授，提出一个重要的开放式问题。让学生用一两分钟时间写下回答，然后与搭档分享。接着你可以请一对学生向全班同学大声分享他们的回答。

还有一个有用的策略：让学生结成对子，你在讲课过程中时不时暂停一下，要求学生两两相互分享和比较自己刚做的笔记。这么做可以让学生发现自己是否遗漏了重要信息，并迅速发现自己哪里理解错了。

还有一个经典的技巧，它被称为“最模糊点”（“muddiest point”）方法。在讲授中途或结束时，请学生用几分钟时间写下当天课上听得最模糊的一点。他们不理解什么内容？哪些地方没说清楚？无论你是否收集他们的回答（如果你是在课堂结束时做这件事，那么收集回答就尤其有用），我认为你都应该立即叫学生发言，大声读出回答。把你可能存有的任何不愿意让学生发言的顾虑放到一边，你已经给了他们先写下回答的机会。

这么做不仅可以让学生批判性地思考所学内容，还能让你了解他们的理解情况，除此之外，还能让学生知道也有其他人可能与自己有同样的困惑。每当我这么做时，我总会注意到，当某个学生向全班同

---

① “课堂评估技巧”一词源于托马斯·安杰洛（Thomas Angelo）和K. 帕特里夏·克罗斯（K. Patricia Cross）的同名经典著作。尽管该书出版已有近1/4个世纪，但对于新手教师来说，它仍然是一本有用的资料，书中提供了大量实用的策略，可用于评估学生在课堂上任何特定时间的学习进度。Thomas A. Angelo and K. Patricia Cross, *Classroom Assessment Techniques: A Handbook for College Teachers* (San Francisco: Jossey-Bass, 1993).

学读出自己最困惑的地方时，总有其他同学点头响应。

将这一活动纳入你的讲课流程——这是一种承认讲课者并不总是能把事情讲得清楚明白的正式仪式——是个让学生摆脱被动听讲者角色的好方法，而被动听讲者是无法质疑教室前面这位权威的智慧的。如果你在学期之初就开始这么做，并在之后上课时经常这么做，那么你的学生有时甚至能主动提出问题。

讲授式教学是一种经过时间检验的、行之有效的信息交流方式。但最有效的教学方式恰恰是寻求以低效的方式传递信息——也就是说，让学生努力去理解信息，而不仅仅是被动听讲。[①] 因此，如果我们采用讲授式教学法，我们就需要在讲授之中加入一些活动，让学生能够运用我们告诉他们的信息。我们需要设计一些活动，让学生将新的信息与原有知识结合起来，构建出种种新观念。我们应该思考如何通过设计各种活动，让学生发现自己在知识方面的不足，以此来确保学生在听讲授式课程时真的有所收获。让学生参与主动学习的一大好处是，它可以让我们和学生自己了解他们尚未理解哪些内容。如果我们只是单纯讲授，我们可以尽情告诉学生任何知识，但学生是否真的在听，我们就不得而知了。

技能和内容（但技能优先）

教育界最古老也最令人厌倦的争论之一，就是技能与内容之争。

---

① 关于罗伯特·比约克（Robert Bjork）所说的“可取的困难”，详见第三章。

多年来，特别是在 K—12 领域里，教师、管理者和教育研究人员一直在争论学生学习技能更重要还是学习内容更重要。

事实证明，这种浅表的二分法出奇地深入人心。丹·贝雷特(Dan Berrett)在 2016 年 4 月《高等教育纪事报》的一篇关于技能是“新准则”的报道中，详细介绍了埃默里大学将教学重点转向教学生使用和评估证据的技能的做法。报道引用了埃默里大学讲师罗伯特·戈达德(Robert Goddard)的话，戈达德担心各门课程将教学重点转向技能，会“对学生不利，因为课程内容会缺乏连贯性、统一性”。① 这样的想法暗示了一种零和博弈(zero-sum game)：在技能上花更多时间，就必然意味着减少在内容上花的时间。

不过，如果说大家在这场旷日持久的争论中达成了什么共识，那就是要反对非此即彼的做法。

我认为，在技能与内容之间择其一，这是一个错误的选择题；我们的学生两者都需要。正如圣保罗学院的英语系教师约翰·施鲁特(John Schlueter)在 2016 年为《高等教育内部参考》(*Inside Higher Ed*)撰写的一篇文章中写道：“课堂不能只是传递内容的场所，它还要成为学生学习如何处理这些内容的场所。”②这两种情境都强调内容。对我们来说重要的是，我们到底是仅仅“传递”内容，还是也要教学生

---

① Dan Berrett, “If Skills Are the New Canon, Are Colleges Teaching Them?,” *Chronicle of Higher Education*, April 3, 2016, http://www.chronicle.com/article/If-Skills-Are-the-New-Canon/235948.

② John Schlueter, “Higher Ed’s Biggest Gamble,” *Inside Higher Ed*, June 7, 2016, https://www.insidehighered.com/views/2016/06/07/can-colleges-truly-teach-critical-thinking-skills-essay.

技能，以让他们能够将这些内容学以致用。

许多研究表明，脱离学科内容知识的技能是很难教的，甚至是不可能教的。[①] 我们是通过在特定领域中的实践，来学习重要技能的，将这些技能运用到其他领域并非易事。同样的，无法应用技能的内容是没有价值的。如果你不知道如何运用知识，那么你对某个学科了解得再多又有什么用呢？

因此，我们既需要技能，又需要内容。但我认为，对于那些希望将主动学习策略融入课堂的教师来说，要优先考虑二者之中的哪一个还是很重要的。作为教师，我们对各项任务的概念化方式，会对我们的教学方式产生巨大影响。虽然我反对把技能和内容对立起来，但我认为，我们应该优先关注技能，然后再关注内容。

当我们根据课程内容来定义我们的课程时，我们几乎不可避免地会强迫自己进入一种“涵盖范围”（“coverage”）的思维模式。我们中的许多人仍然会在上课前准备一份计划，列出我们要讲的各个主题。很多人只关注上课时要涵盖哪些材料，甚至只关注学生需要学习哪些内容，这么做很危险，因为我们容易只把材料告诉给学生，这看似是让他们掌握材料的最有效的方法。但我们非常确信，仅仅把信息告诉给学生，并不能帮助他们很好地记住信息。

相比之下，当我们首先关注技能时，当我们以所传授的技能来定义课程时，我们就更有可能去使用研究人员发现的对长期学习最有效

---

① 例如，可参阅 Daniel T. Willingham, “Critical Thinking: Why Is It So Hard to Teach?,” *Arts Education Policy Review* 109(2008):21-29.

的那些课堂活动。通过将课堂时间概念化为学生练习某种技能的时间，我们几乎可以确保学生能成为主动学习者。当我们优先考虑技能时，我们就会问："学生们今天要做些什么？"而不是"我今天要涵盖哪些内容？"前一个问题会将主动学习融入你的教学方法中，无论你要涵盖什么内容。

如果你采用的是这种方法，那么你就不是在牺牲内容的情况下选择技能，它们不是非此即彼的关系。幸运的是，当你以技能为主导时，内容也不会被你落下。在开始规划课程时，你首先要想好希望学生练习哪些技能。设计各种课堂活动，帮助学生学会如何独立掌握那些技能。然后，把你希望学生学习的内容当作活动的内容。将内容融入你要求学生练习的技能中，这并不难。事实上，从技能入手，再添加内容，要比从内容入手再添加技能轻松得多。

例如，如果你想让学生练习复习的技能，那么就可以让他们通过详述（"如果作者想用同样的证据来论证相反的观点怎么办？"）来复习阅读材料。如果你想让学生练习制作计算工程模型的技能，那么可以让他们试着去预测当发生一定强度的地震时，桥梁会发生什么。如果你想让学生锻炼研究技能，那么可以让他们去查找、比较和评估两份与当周课程主题观点相悖的资料。如果可以通过使用技能去接触课程内容，学生在学习这些内容时就能更轻松，也更有可能记住内容。[①]

---

① 例如，2003 年，迈克尔·J. 麦金纳尼（Michael J. McInerney）和 L. 迪伊·芬克（L. Dee Fink）开展了一项研究，该研究以一门微生物生理学课程为中心——在这门课程中，"学生如果想要理解微生物的功能"，就"亟需大量信息"。他们用"团队协作学习"的方法取代了讲授式教学，这种方法的核心是，在一个学期内将学生分成稳定（转下页）

正如我在导言中提到的，我很庆幸能在一个如此重视技能的系里教学。在我的修辞学课堂上，我很少会感受到讲授的压力，因为我不大需要向学生传达大量材料。但是，哪怕是内容最繁重的课程，也应该注重培养技能。让我们看看爱荷华大学的内德·鲍登（Ned Bowden）和丽贝卡·莱尔德（Rebecca Laird）是如何在教学大纲中介绍他们的有机化学课的：

> 在这门课上，你将学习如何进行批判性思考。有机化学不仅仅是记忆一堆事实，当然也不只是运用一些简单的规则来得出正确答案……你将获得一堆事实，你必须学习如何进行批判性思考去解决问题。因此，你必须学会像侦探一样思考，把你所知道的一切关联起来得到答案。我们将尽我们所能来帮助你学习这些技能。①

上这门课的学生从一开始就被告知，这门课最重视的是让他们学

（接上页）的小组，并“让这些小组参与到具有挑战性的、复杂的学习任务中”。麦金纳尼和芬克报告说，这种干预措施“完善了学生对信息的理解和记忆、批判性思考以及对这门课程的态度，并将师生互动的重点放在了学习而不是成绩上。”Michael J. McInerney and L. Dee Fink, “Team-Based Learning Enhances Long-Term Retention and Critical Thinking in an Undergraduate Microbial Physiology Course,” *Microbiology Education* 4(2003):3－12.

① Ned B. Bowden and Rebecca Laird, “CHEM: 2210 Organic Chemistry I Syllabus” (University of Iowa Chemistry Department, 2016), https://chem.uiowa.edu/sites/chem.uiowa.edu/files/2210_Syllabus_Spring%202017.pdf.

习如何解决问题。他们会感到自己将有很多机会去练习解决问题，而教师们也一定会帮助他们。任何认为记住元素周期表就能得“A”的先入为主的想法，都会被抛出窗外。

在定义你的课程时，无论是对你的学生还是对你自己，都要强调学生将学到哪些技能，特别是要强调那些他们将来能够加以运用的技能。这样一来，当你让学生参与练习这些技能的活动时，学生才会积极主动。当你感到没有材料可讲时，这一做法也能为你解困。

我的建议主要围绕的是教师的思维模式，但话说回来，我们作为教育工作者的大部分任务也正在于此。我们或许并不想要总是当课堂上的焦点，但我们对待自己工作的方式，能够塑造学生的学习环境。当你致力于把主动学习当作一项教学原则时，你就会开始以新的视角看待课堂。我喜欢把这一过程比作摄影。许多摄影师会说，他们拍摄的不是什么主题——人、风景或物品；他们拍摄的是光。光之于摄影师，正如学生之于教师。无论我们教什么科目，学生永远是我们真正的教学对象，是我们有责任去帮助的人。

当我们专注于学生及其成长时，无论我们采用哪种具体策略，我们都会在最大概率上取得成功。

第二章

让学生主导课程

有一位比我聪明得多的人曾将主动学习称为“有步骤的合作”。[1] 我喜欢这种说法。作为教师，我们能提前做的就是划分步骤：我们可以想出各种活动，考虑各种环境因素，制订各项规则，并大致了解事情会如何发展。但是如果学生不认同，那么所有这些都将是徒劳。单方面的合作是不存在的，教师无法独自实施主动学习策略。如果我们要致力于在课堂上使用主动学习策略，我们就必须致力于吸引学生成为我们的合作搭档。

为了让教学技巧看起来容易实施，有太多关于教学法的文章将课堂视为一个静态的环境，在这样的环境中，教师可以使用他们想使用的任何方法，并且次次都能获得理想的结果。但主动学习的核心是学生本身——学生必须在自己的学习中进行合作。因此，任何连贯的主动学习法都必须优先考虑让学生参与进来。

如果你不能调动学生的积极性，那么世界上的任何知识、准备工

① 这个聪明人就是休斯敦大学的英语系副教授戴维·马泽拉(David Mazella)，他在推特(Twitter)上提出了这一说法。

作和教学技巧都不会对你上课有帮助。

大多数时候,我们在激励学生方面的主要武器是我们打出的成绩。当然,成绩的存在也是为了准确反映学生的表现。但是,成绩通常既是奖励,又是惩罚,为的是促使学生按照我们认为他们应该采用的方式去学习。我们在构建课程大纲时,会给我们认为更重要的或更难的作业分配更高的成绩比例。为了确保学生会预习,我们会定期布置测验。为了鼓励学生准时交作业,我们会威胁学生说如果迟交实验报告,就扣他们的分数。这是高等教育中不成文的协议:学生们明白游戏规则,如果他们不遵守这些规则,他们的成绩(可能还有前途)就会受到影响。

棘手的是,虽然人们很容易想出各种"胡萝卜加大棒"的办法,来激励学生更努力学习,但几十年的研究表明,这些所谓的外在奖励和威慑,并不是特别有效的工具。事实上,有许多研究表明,那些被提供外在奖励来完成复杂任务的人,他们的表现实际要比没有奖励的人更差。①

当成绩是学生学习的主要驱动力时,学生就不会为了学习而去努力掌握材料并将其融入自己原有的知识中去,而是会弄清楚自己要做什么才能取得好成绩,并采取相应的行动。如果我们想让学生对我们的学科产生终身的兴趣,那么光有外在动力是不行的;否则学生一旦

---

① 见 Edward L. Deci, "Effects of Externally Mediated Rewards on Intrinsic Motivation," *Journal of Personality and Social Psychology* 18(1970):105 - 115; and Mark Lepper and David Greene, eds., *The Hidden Costs of Reward* (London: Psychology Press, 2016).

毕业了，就不再有成绩这种表面的学习回报了，那时求知的兴趣也就随之消失了。

肯·贝恩在他的著作《如何成为卓越的大学教师》中，对外在动力和内在动力的相关研究做了有价值的概述："如果学生们学习只是因为他们想得到好成绩，或是成为班里的佼佼者，那么他们的收获就不会像他们因感兴趣而学习时的收获那么多。"①

那么，我们怎样才能让学生感兴趣呢？我们该如何教学，才能让他们因为想学而学习，而不是因为必须通过考试而学习？本章介绍了各种你或许用得上的策略——从最初的课程设计，到上最后一次课，都可以使用——以鼓励学生成为课程的主导者。如果学生不投入课程，那么不管你如何教学，他们都很可能根本没有在学习。

推销术和更重要的东西

学生为什么要选你的课？

这个问题没有得到足够的重视，很多教师从没认真提出和回答过这个问题。如果你认为，答案就是"为了从我的科目这里拿三个学分"，那么到时如果你发现自己难以激励学生，也不必感到惊讶。

---

① Ken Bain, *What the Best College Teachers Do* (Cambridge, MA: Harvard University Press, 2004), 33. 如果想要获得更多关于外在动力和内在动力之间相互作用的信息，请参见自我决定理论研究所（the Self-Determination Theory Institute）的网站（http://selfdeterminationtheory.org），该研究所由动力研究领域的先驱理查德·瑞安（Richard Ryan）和爱德华·德西（Edward Deci）创立。

许多教师不需要在课程目录中写课程简介去宣传自己的课，但这项工作其实很有价值。我的同事梅根·奈特(Megan Knight)和我在爱荷华大学合教一门研究生写作课。由于这是一门相对较新的课程，而且是跨学科课程，不属于任何一个学生所在的院系，所以我们必须做一些推销工作来吸引学生选课。在过去几年的暑假里，我们共同起草了电子邮件，向全校各系的研究生项目的负责人们推介这门课程。我们的想法是，如果我们能向负责人们推销说这门课程有多实用，那负责人很可能就会转而向自己系里的学生推荐这门课。邮件闪电战通常能成功地让我们的课招满学生，但邮件写得好也很重要，用一两段话来说明我们的课程能为学生做些什么，这能帮助梅根和我明确课程的设课理由、基本特征和潜在益处。这是一项宝贵的规划工作，能让我们在开学之前就思考如何吸引学生投入课程中来。

问问你自己：学生为什么要选这门课？你希望学生在学完课程后了解到什么，能够做什么？为什么这门课对他们有价值？你的推销口号是什么？

这种推销术对撰写教学大纲来说是不可或缺的。教学大纲有很多功能——契约、教学日历、课程使用说明——但我们不应忘记，它也像是你的课程宣传手册。学生之所以会阅读教学大纲，原因之一是了解课程的内容、课程对他们的要求，以及他们努力学习能得到什么样的回报。你应该将教学大纲视为一个向学生推介课程的机会。

在起草教学大纲时，应将重点放在重要的、基本的和引人入胜的问题上。你向学生展示的问题，应该是那些在难度和引发好奇心方面能吸引学生进一步探究的问题。想一想你的学科在哪些方面能吸引到十九、二十岁的学生。请记住，尽管可以借鉴那些当初吸引你进入你的学科的东西，但你的学生——他们不像你那样了解该领域的历史和细节——可能需要你从一个不同的角度来激发其兴趣。你的任务是展示你的课程的重要性，回答萦绕在班上每个学生脑中的问题：那又如何？

莱斯大学的历史学教授凯莱布·麦克丹尼尔（Caleb McDaniel）将这一使命铭记于心，他通过想象学生们会提出哪些问题，来撰写他的美国历史概述课的教学大纲：这门课程有什么不同之处？学期结束时我能学到什么？我们在这门课上要做什么，什么时候做？我的学习是怎么被评估和打分的？通过提出和回答这些问题，麦克丹尼尔将学生和学生的课程体验，而不是课程内容，放在了最重要的位置。①

这种推销术可以贯穿在整个学期的课堂中。如果你不告诉学生你的教学方法、作业或阅读材料的目的，学生是理解不了的。不要仅仅依靠成绩去敦促学生积极参与课程。要向学生解释，如果他们理解了阅读材料，或深入研究了他们的研究项目，他们能获得什么。要向他们强调，通过精通一门课程可以获得哪些技能，以及这些技能在未来会有哪些帮助。努力将你的课程与学生的生活联系起来，寻找让二者息息相关的方法。②

---

① W. Caleb McDaniel, "The United States, 1848 to the Present" (Rice University History Department, 2015), http://wcm1.web.rice.edu/pdf/hist118sp15.pdf.

② 苏珊·A. 安布罗斯（Susan A. Ambrose）及其合著者在《学习的机制》（*How Learning Works*）这本好书中勾画出了一个理解学习动力的框架，提出了影响学习动力的三个主要变量：价值（学生对目标的重视程度）、预期（学生实现目标的可能性）（转下页）

当然，向学生推销课程是有限度的。不同学生会感到不同任务的有趣程度是不一样的，这与他们各自的兴趣不同有关。更重要的是，学习的过程并不是千篇一律的。掌握一门课程需要学生参与各种各样的学习任务，其中有些任务自然会比其他任务更有趣一些。而有些任务则可能是——事实上，几乎肯定会是——无聊的、重复的，或没有什么明显回报的。那怎么办？我们怎样才能吸引学生在枯燥乏味的学习中坚持下去？有没有什么条件能让学生更有可能坚持完成那些必要但乏味的学习任务？是什么让一些学生即便对某件事情不太感兴趣也能坚持下去，而不是很快就失去动力？

这正是由得克萨斯大学奥斯汀分校的戴维·S. 耶格尔（David S. Yeager）带领的一群学者所提出的问题，他们于 2014 年在《人格与社会心理学杂志》（*Journal of Personality and Social Psychology*）上发表了他们的研究成果。他们的《无聊但重要：自我超越的学习目标能促进学业自我调节》（“Boring but Important: A Self-Transcendent Purpose for Learning Fosters Academic Self-Regulation”）一文，详细介绍了他们设计的四项研究，论文涉及近 2000 名高中生和大学生，该研究试图找出能让学生坚持完成各种枯燥的技能培养任务的原因。

（接上页）和环境（学生周围环境的支持程度）。Susan Ambrose et al., *How Learning Works: 7 Research-Based Principles for Smart Teaching* (San Francisco: Jossey-Bass, 2010), 70 - 82.——原注

该书中文译本可参见苏珊·A. 安布罗斯著，庞维国译：《聪明教学 7 原理：基于学习科学的教学策略》，华东师范大学出版社 2012 年版。这里书名保留直译。——译注

他们的结论出人意料，至少出乎我的意料。他们发现，给学生一个“自我超越的学习目标”，更能让学生坚持完成任务。他们所说的“自我超越”的目标，指的是一种并非完全由自我利益驱动的目标。那些认为自己的学习最终会有益于他人、重要事业或整个世界的学生，比那些认为自己的学习只对自己有益的学生，能更持久地坚持完成枯燥的课业。①

我之所以认为这一结果出人意料，是因为正如我在上文所写的，我经常认为，作为教师，我们的任务之一就是让我们的课程与学生的生活息息相关。我们被告知——尤其是我们这些人文科学领域的教师——我们得向学生展示出，学习我们的课程会如何使他们在未来受益，将如何帮助他们拥有更成功的事业，或找到高薪工作。

但是没有哪门课程能总是很有趣。如果你爱上了这门课，或者认为这门课与你未来的成功密不可分，那么掌握这门课或许能轻松一些。但是，当学生面对那些掌握课程所必需的技能培养任务时，这些驱动力往往会消失，因为这些任务很难让学生感到愉快或有意义。想想看，想要精通高等微积分需要多少练习，或者想要掌握一门外语需要多少练习。无论你的学生有多喜欢德语，让他一次练习好几个小时的变格，这种喜爱也会逐渐消退。有趣的是，耶格尔领导的研究小组发现，那些坚持学习枯燥任务的学生，并没有更享受这些任务；相反，“享受一项任务”和“完成一项任务”之间的联系减弱了。如果学生认

---

① David S. Yeager et al., “Boring but Important: A Self-Transcendent Purpose for Learning Fosters Academic Self-Regulation,” *Journal of Personality and Social Psychology* 107, no.4(2014):559 - 580.

为学习的动力来自一个比自己更重要的目标，那么他们就更有可能坚持完成枯燥的任务——无论他们是否享受该任务。

研究结果表明，我们的目标之一应该是摒弃那种认为学习只是自我提高的一种手段的观念。我不认为这意味着我们要放弃努力激发学生对我们的课程的兴趣。但是，我们应该想方设法将他们的学习与更重要的事情联系起来，与他们自身及未来生活之外的动力联系起来。

掌握这门课程如何能帮助学生去帮助他人？你能否把你的课程当作一种更有意义的教育——能让学生参与比他们自己更重要的事情——推介给学生？

利用你的威信让出控制权

我 10 岁的女儿在上钢琴课。我和妻子面临的最大挑战之一，就是让女儿弹琴是为自己而弹，而不是为父母而弹。我经常问她，觉得自己弹得怎么样，她总是耸耸肩。她弹琴的时候自己不听。我担心这一迹象表明，她弹琴只是因为我们在逼她弹。

女儿有一位很好的钢琴老师，但我和妻子还是每周有六个晚上都监督她练琴。我们不帮她选择练习什么曲目，也不替她决定她的进度，但我们确实会在家里积极监督她弹琴。如果她弹错了，我们会告诉她。如果她左手弹的声音比右手大，我们会告诉她。如果她在曲子结束时忘了要重复演奏，我们也会告诉她。

既然如此，她不知道自己弹得怎么样有什么好奇怪的？我们都帮她做了，她何必还要自己留意呢？

要让主动学习策略真正发挥作用，我们得让学生想为自己而学，而不是为了满足我们的要求或获得特定成绩而学。在提出论文要求时，我经常会想到这一点。我通过痛苦的经历认识到，在给学生布置论文时，最好列出论文的详细要求。我希望学生在论文的字体大小、行距、字数、段落格式和题材内容方面都清清楚楚。我通过在微型课(mini-lesson)中讲清楚论点、论证、论据和其他优秀论文要素，将学生潜在的误解消灭在萌芽状态。所有这些要素都很重要。当然我也发现了，如果我不把这些细节讲清楚，我收到的论文就会偏离方向，令人抓狂。

但是，这一连串的规定难道不是在向学生传达一个信息：我说了算，满足我的要求才是他们的最终目标吗？当我们用行动告诉学生，他们的任务就是完成我们提的关键要求时，我们难道还会惊讶于他们没有投入学习吗？

我不认为我们应该放任学生以主人翁的名义为所欲为。但我女儿的经历表明，我们能做的还有很多。

在大学课堂上，有很多东西都在强化教师对课程的主导权。在学校看来，我们是自己所教课程的负责人。多年来，学生在课堂上被训练得唯命是从。这些传统和种种习惯，强化了教师对课堂空间的主导权，引致学生变得被动、顺从、缺乏兴趣。这会令学生不够关心课程。我越来越确信，仅仅让学生主导课程的某些方面是不够的；我们必须积极地努力交出一些控制权。如果我们真的想让学生主导课程，我们就必须先放弃自己的一些主导权。

你可以做下面这些小事，来利用你的威信赋予学生更多权力。

约瑟夫·芬克尔（Joseph Finckel）在2015年发表的一篇名为《沉默的教授》（“The Silent Professor”）的文章中写到，他曾在某一个学期中途失声，上课时说不出话来。他发现，他的沉默促使学生们发言变多，课堂表现更加积极主动。他还想出了一些课堂活动——在教室屏幕上投影出要求和问题——他发现，当学生们无法依赖老师告诉他们答案的时候，他们会自己努力寻找答案。现在，芬克尔每学期都会“失声”，并为那些想效仿他的人提供建议（甚至还有沉默的教师接访时间［office hour］）。①

要想刻意在课堂上少说话，你不必非得假装自己得了咽喉炎。我的同事梅根·奈特在一些课堂讨论中会低着头在笔记本上做笔记。她会提前告诉学生她要这样做（以免显得无礼），然后在讨论过程中一直低头看着桌子。我曾目睹过她这么做（在我们共同授课时），教学效果显著。如果教师不与学生进行眼神交流，学生就难免要四处寻找可以听他们说话的对象。学生们一开始有些不习惯，进度很慢，但很快就去做了他们唯一能做的事：相互交谈。看着这一切发生的我不禁感

---

① Joseph Finckel, “The Silent Professor,” Faculty Focus, November 3, 2015, https://www.facultyfocus.com/articles/teaching-and-learning/the-silent-professor. 阿曼达·洛希泽（Amanda Lohiser）2017年在《大学教学》（*College Teaching*）上发表了一篇论文，讲述了一次类似的咽喉炎发作的经历。洛希泽曾因咽喉炎发作，连续几周无法说话，于是她制作了PPT课件，然后在课堂上传递麦克风，让每个学生介绍一张PPT的内容。她鼓励学生们不要只读出PPT上的文字，而是要介绍材料，并围绕观点的意义给出自己的阐释。Amanda Lohiser, “Voiceless in Lecture: A Lesson in Vocal Difficulties and Student-Led Classes”, *College Teaching* 65, no. 4(2017): 204–206.

到惊叹。[1]

我试着更多地去了解自己在课堂上说了多少话，在多少次课堂沉默时开了口。尽量让那些沉默再持续一段时间。每一次我们把答案直接告诉学生，我们都是在剥夺学生思考的机会。[2]

当你开口说话时，让自己当一个人。我们可以打破传统的教师形象，让学生主导课堂。刻意疏远学生，或者假装自己知道所有答案会对学生不利。最好能向学生承认我们也会对一些事没有把握，表现出我们的兴奋之情，展示出我们有时是有缺点的、奇怪的。

在 1994 年出版的《教学越界》(*Teaching to Transgress*)一书中，贝尔・胡克斯(bell hooks)[3]写到，一位真正投入课堂的教师，一位向学生敞开心扉的教师，会给学生带来很多好处："当教授们在课堂讨论中叙述自己的经历时，他们就不再是无所不知的、沉默寡言的讯问者了。"[4]与你的学生分享你的经历，让学生看到你正在冒险，这样一来他

---

① 唐纳德・芬克尔在他的《闭嘴教学》一书中更正式而详细地描述了这种在场却沉默的教授形象。在他的"开放式研讨"中，学生们会带着关于阅读材料的问题来上课，然后在问题的引导下围成一圈来讨论文本，而教师则坐在圈外观察。Donald L. Finkel, *Teaching with Your Mouth Shut* (Portsmouth, NH: Boynton/Cook, 2000), 31–50.

② 希瑟・安妮・特拉汉(Heather Anne Trahan)在 2013 年发表的《沉默的教师》一文中提出了大量利用沉默的好想法，见"The Silent Teacher: A Performative, Meditative Model of Pedagogy," *Liminalities: A Journal of Performance Studies* 9, no. 3 (2013): n. p.

③ 贝尔・胡克斯(bell hooks)原名格罗莉亚・瓦特金丝(Gloria Watkins)，bell hooks 为其笔名。该笔名的各字母均为小写。——译注

④ bell hooks, *Teaching to Transgress: Education as the Practice of Freedom* (New York: Routledge, 1994), 21.

们也会去冒险。

你要认真地听学生的发言。管理课堂讨论是教师必须掌握的最难的技能之一。正是因为难度很大，所以我们会过于频繁地提出引导性的问题来引出讨论，而一旦我们听到了想要的答案，我们又会终止讨论。

如果我们总是试图把学生引向我们的观点，或者为了别的内容安排而打断讨论，学生们就会明白游戏正被操纵着——他们说什么并不重要。但是，如果我们能真正倾听学生们在说些什么，让他们的发言影响上课进程，我们就能让学生发挥主导作用。

当然，这并不容易。我们在上课时都会有很多想法，也并不总是能够区分什么是毫无意义的跑题，什么是引人入胜的话题转换。但请记住，学生们自己得出的答案——无论对错——几乎始终要比你告诉他们的答案更有价值。是的，我们需要在想让学生推动讨论，和希望学生获得知识内容（例如，我们可能想让学生发现并修正一种常见的错误观念）之间取得平衡。但是，如果能让学生感受到参与讨论确实有益，我们就会不断获得回报。

在我女儿弹琴时，我一直在努力保持沉默。现在我会告诉她：在你弹琴时我不会发表任何意见——哪怕你弹错音了我也不会告诉你。我告诉她，“你说了算”。如果她认为需要再弹一遍，那就再弹一遍；如果她弹得让自己满意了，那就继续弹下一首。对我来说保持沉默真的很难，但她现在弹琴时似乎会多听一听自己的弹奏了。

空白教学大纲，和其他为学生提供选择的方法

空白教学大纲（blank syllabus）是波士顿大学文理写作项目主任克里斯·沃尔什提出的想法。[①] 当我在 2013 年 MLA 会议的教学法小组研讨会上听到他说这个想法时，我立刻就被吸引住了。这种方法能够在教学大纲中体现学生的主导权，它需要教师足够信任学生。

当然，教学大纲并非真的完全空白。空出的只是一些课程阅读材料的部分，它们将由学生自己挑选出来。

在那次会议之后紧邻着的那学期，我在教授美国文学课程时就是这样做的。当时我们使用的教材是一本厚重的作品选集，即《诺顿美国文学选集》（*The Norton Anthology of American Literature*），我决定每节课都让学生阅读文章（一篇短篇小说或长篇叙述的一部分）和诗歌。我挑选出了课上要阅读的文章，将它们列在了教学大纲上，但在诗歌部分，我则留出了空白，让学生们自己去决定每节课读哪一首诗或哪几首诗。当时班上只有 17 位学生，人数不多，所以我可以让他们每人选出某一天课上的阅读内容。班级人数较多的老师可以先让学生选择，然后投票决定把哪些篇目列入大纲。

开课第一天，我给学生们分发了教学大纲，介绍了课程，而后便向

---

① 沃尔什发表了一篇关于空白教学大纲的文章：Chris Walsh, "The Blank Survey Syllabus," in *Teaching the Literature Survey Course: New Strategies for College Faculty*, ed. Gwynn Dujardin, James M. Lang, and John A. Staunton (Morgantown: West Virginia University Press, 2018), 102 - 119.

他们解释了空白教学大纲的理念。第一份作业是一篇论文，给了学生三周时间去完成，要求每个学生从选集中选出一首诗写在大纲上，并让他们说明为什么大家要学习这首诗。后来的每次课，我会根据那天要讨论哪首诗，让选择该诗的学生首先讲述他的论点。

这一策略有很多好处。首先，它让我的学生真正阅读了选集。学生不再只读我指定的篇目，而是在那学期的前几周翻阅了整本书，阅读不熟悉的诗歌，寻找一首吸引他们的诗作。所有使用某一本教材的课程，都应该考虑使用空白教学大纲策略——除了你必须涵盖的内容之外，让学生选择文本中的其他章节进行学习，并要求他们为其他同学设计要讨论的问题。

其次，这一策略能让学生思考我们所学文本的价值。为什么要读某一首，而不是另一首诗？为什么要读诗？阅读清单不再由高高在上者决定（这些就是最重要的文本），而是由班上每一位同学共同列出（哪些是最重要的文本？就我们的课程而言，“重要”意味着什么？）

这就引出了第三个好处：空白的教学大纲向学生表明，学生是课堂进程和结果的关键参与者。它从一开始就让学生知道，我将他们视为教育合作伙伴。课程是我的课程，也是他们的课程，我们将学习他们想要学习的文本。这有助于培养学生更多的责任感，包括对课程作业的责任感、对教师的责任感，特别是对其他同学的责任感。

我的做法很难说是一项科学研究，但我用这种方法取得了很大成功。我不能断言让学生参与选择课程阅读材料，是否会让他们感到被赋予了更多权力。但毋庸置疑的是，空白教学大纲让他们比我以前教的学生更积极地参与到了阅读和交流中。学生读诗的热情要比以前高得多——我认为这一直是个挑战——他们以开放的心态和好奇心来对待其他同学的选择，这非常令人欣慰。

我认为，空白教学大纲策略之所以能如此成功，原因之一在于它从第一次作业开始就在让学生行使主导权。教师常常牢牢主导着各项作业——我们设定各种要求，给学生布置任务去完成。而实际上，作业是让学生拥有主导权的绝佳机会。关键是要想清楚作业的目标。

我可以在自然科学课程中使用空白教学大纲吗？

卡罗琳·威尔逊（Caroline Wilson）是查普曼大学健康科学领域的一名临床副教授，她在一门神经生理学课程中成功使用了空白教学大纲。① 在这门以团队协作形式学习的课程中，威尔逊将她班上的学生分成了三个小组。② 这门课程的最后四周引入了空白教学大纲。在这四周里，每个小组都要从教材中选择一个尚未被涉及的主题。然后，各个小组要在课上讲解该主题——他们要想出小测验的问题，编写学习指南，在轮到他们讲解的时候，还要带领其他小组开展应用活动。当然，威尔逊会全程监督，检查并批准学生所做的一切。威尔逊报告说，这种方法使她的学生更加自主，面对课堂活动也更有热情。

① Caroline Wilson, "Integrating a 'Blank Syllabus' with Team-Based Learning (TBL): Student-Designed TBL Modules in a Neurophysiology Course" (presentation, 2018 TBLC Meeting, San Diego, CA, March 2, 2018).

② 有关团队协作学习的更多内容，请参阅第五章。

例如，我在教大学一年级修辞学课程时，给学生的期末写作作业制订了一系列目标：我希望学生能理解研究过程并从中获得经验，我希望他们能学会如何应对多个资料来源，形成自己对某个主题的看法，我希望他们能练习写一篇更长的文章，等等。我没有任何针对内容的明确目标——我更关注学生能掌握哪些技能，而不是他们能学到什么特定的知识体系。

冲着这些目标，我让学生去自行决定论文的主题。只要学生选择的主题适合开展严肃的研究，有多种资料来源，并且有足够的实质性内容能支撑起一篇 2000 字的论文，我就同意。我使用了肯·麦克罗里(Ken Macrorie)的“爱搜索”(“I-Search”)论文的改良版，要求学生自己提出他们认为有趣的、发人深省的或好玩的研究问题。[①] 我可以向你保证，学生围绕自己真正关心的主题所写出的论文，要比按我规定的主题写出的论文更容易阅读和打分，且容易得多。

哪怕你没法像我一样灵活应对内容，也可以采取类似的做法。给作业制订目标，并找出那些你不必作出规定的方面。尽可能让学生知道有哪些目标，并让他们自由发挥创造性，去试着实现那些目标。你让学生决定的越多，学生认真完成作业的可能性就越大。

提升学生主导权的另一种方法是，让学生对课程的一些政策有发言权。在这一点上，我受到了凯茜·戴维森(Cathy Davidson)的启发，她是纽约市立大学研究生中心技术与教学法的教授兼学者，多年来一

---

① Ken Macrorie, *The I-Search Paper — Revised Edition of "Searching Writing"* (Portsmouth, NH: Heinemann, 1988).

直致力于打造更加民主的、以学生为中心的课堂。她认为教室是“这个星球上最不平等的空间之一”，但也认为我们可以做出一些改变——就是现在，用我们的力量——来帮助我们的学校变得对学生和教师都更加公平。①

大体来说，戴维森要求我们去思考那些我们绝对必须控制的课程要素：你所在的系是否要求你指定使用某本教材？如果课程不涵盖某些主题，这门课就会失败吗？这门课是否是其他课程的先修课程，因此需要令学生掌握特定的技能？努力想出你对学生的最低要求。

她写到，其他一切事务，就让学生自己去决定吧。在制订政策、安排教学日历、设计作业等等方面，你控制得越少，学生就越会把这门课程看成他们自己的课程，并会以一种更有可能深入学习的方式投入到课程中。

但学生们知之甚少，无法编写教学大纲，不是吗？

将教学大纲的部分内容留给学生来编写，这看上去可能并不明智——他们还没上过这门课，怎么能为这门课编写教学大纲呢？但是，考虑在教学大纲上让出一些控制权，并不意味着削弱你在课程安排上的专业性，或是破坏你对于课程进程的想法。特别是，你对学生需要学习什么才能掌握课程内容的想法是至关重要的。成

① Cathy Davidson, “Why Start with Pedagogy? 4 Good Reasons, 4 Good Solutions,” HASTAC, June 18, 2015, https://www.hastac.org/blogs/cathy-davidson/2015/06/18/why-start-pedagogy-4-good-reasons-4good-solutions.

功的课程离不开你对课程知识和课程必要技能的了解。但是，教学大纲上还有很多东西是与专业知识无关的，比如课堂如何运转、学生在课堂上要具体做些什么、如何评估学生的学习情况，等等。对于任何属于此类的事务，都不妨考虑将控制权交给学生。如无意外，这样做可以向学生发出一个强有力的信号，让他们明白，他们可以主导课程，他们的全身心投入对课程来说至关重要。

或许没有哪项大学课程政策能像技术使用政策那样饱受争议。许多教师对这一问题有激烈讨论（我曾经在很多年里都强烈反对使用技术设备），并且似乎已写了成千上万页文章去陈其利弊。这里我想说的是，技术政策是让学生做选择和拥有主导权的绝佳机会。

在不列颠哥伦比亚大学物理和天文学系任教的西蒙·贝茨（Simon Bates）和艾利森·利斯特（Alison Lister）正是这样做的：他们让学生在课堂技术问题上合作制订“可接受使用政策”。贝茨和利斯特在第一节课上就介绍了这一想法。他们让学生进入一个线上协作空间，他们在那里存了一份基本文档，上面列了一些供学生参考的指导原则。学生有一定的时间（比如一周）去修改这份文档，并根据自己的想法去编辑规则。而后学生会在课堂上进行投票，以决定采用修改后的哪些规则。整个班级作为一个单位，通过这种方式来制订课程指导原则，确定什么是合适的（什么是不合适的）。

这种策略很巧妙，能够应对课堂上棘手的技术问题。在课堂上讨论能接受什么，不能接受什么，这可以让学生思考：如果自己是教师，会想要达到什么目标。最重要的是，但愿这能促使他们去思考那些与课程总体目标相关的有价值的问题：我们应该如何利用课堂时间？学习的最佳方式是什么？我们要如何创造能满足每一个人需求的环境？

最近的研究表明，在这一具体问题上放弃控制权，可能会带来更多好处。2018 年的一项研究发现，限制性的技术政策不利于师生之间建立融洽关系。[①] 而让学生去做这些决定，似乎可以帮助教师尽早建立起对学生的信任。

戴维森甚至更进一步，让学生集体撰写了一份班级章程，章程中写道："在本学期中我们参与的所有事都要接受评论、讨论和检查。"[②]或许你并不想做到这个程度。但是，邀请学生合作决定如何应对一些问题——从抄袭到迟交作业，再到各项作业在期末成绩中的权重——会极大地改善班级氛围。当你开始相信学生会投入地对待这些决定时，你会发现其实他们和你一样认真。

鼓励学生做主导者

第一次课：一个噱头

根据我的经验，鼓励学生做主导者的最好的方法，就是去强调一堂课为什么要这样做，而不是如何做。如果我们能突出课程目标，不

---

① Jeffrey R. Stowell, William E. Addison, and Samuel L. Clay, "Effects of Classroom Technology Policies on Students' Perceptions of Instructors: What Is Your Syllabus Saying about You?," *College Teaching* 66, no. 2(2018):98 - 103.

② Cathy Davidson, "Getting Started 5: First Class: Collectively Writing a Constitution," HASTAC, August 13, 2015, https://www.hastac.org/blogs/cathy-davidson/2015/08/13/getting-started-5-first-classcollectively-writing-constitution.

厌其烦地向学生解释我们希望他们能学到些什么，我们就能更放心地给学生更多自由，让他们用自己的方式实现那些目标。[①] 从某种意义上说，这是凯西·戴维森方法的另一种表达，也就是只控制我们绝对必须控制的东西，其余的都交给学生去决定。

我们可以，而且应该，从第一次课就开始强调课程目标。

如果你在网上搜索“第一次课的活动”，你会找到很多招数：长长的破冰游戏清单，和各式各样的让学生阅读教学大纲的不寻常的、傻傻的做法。其中大多数建议都理所当然地认为，教师需要在第一次课上设法“吸引”学生。

教师会希望在课程之初开展一些与之后的教学安排截然不同的活动，这是有充分的理由的。首先，学生在第一周有很多事情要做，他们要上多达五门新课，因此，直接投入到学习材料中可能会让他们感到力不从心。开展一些让学生与其他同学和老师舒心相处的有趣活动，可以让课程开始得更平缓一些。

其次，教师需要让学生对课程产生兴趣、感到兴奋，并说服那些动摇的学生不要放弃这门课。就像你会在会议论文的开头，用一则幽默轶事或引语来激发听众的兴趣一样，在第一次课上开展噱头十足的活动，也可以让学生从一开始就印象深刻，为接下来更加严肃、严谨的课程安排做好铺垫。

我的初次课噱头不仅能满足这些要求，还能以我认为可以真正引

---

① 在读了克里斯·弗兰德(Chris Friend)的文章后，我终于明白了这个简单但重要的道理。弗兰德经常在他管理的《混合教学法》电子期刊(*Hybrid Pedagogy*)上撰写关于教学法的文章。

导学生投入课堂的方式，突出我的课程目标。

在第一次课上，上最后一次课。

在你的学生第一次走进教室时，你要表现得好像在过去的15周里，你每周都见到他们一样。转身在黑板上写下最后一次课的上课日期，以及考试将涵盖的主要概念。接着你要这么做：开始总结课程，宛如你正在上最后一次课。回顾课程所涵盖的重要观点。频繁提及那些学生肯定会记住的令人兴奋的细节。告诉他们，如果想在考试中取得好成绩，应该学好哪些内容和技能。特别要提醒他们，这是他们应该知道的东西，因为你以前已经讲过了（让他们听懂这个玩笑）。

你能坚持多久，取决于你的性格和你的学生有多愿意玩这个游戏。但试着至少坚持5分钟。这个想法无疑是一个噱头，目的是给课程开一个令人难忘、让人放松的头，让学生们好奇：发生了什么？但这又不仅仅是个玩笑。这一开课方式正是你应该采用的开课方式——思考并引导学生思考课程的预期结果。

在上第一堂课之前，花些时间想一想，你希望最后一堂课要怎么上。在理想情况下，到学期结束时，你的学生能学到些什么？他们能够做些什么？如果一切按计划进行，你会如何总结这门课程？以终为始，哪怕这么做只是在开玩笑，它也能提醒学生，上课不只是为了拿学分。课程有明确的目标，你们所有人都在朝着这个目标前进。当你用了这种方法，你就会开始在学生的头脑中，植入他们上课第一天会遇到的最重要的问题的答案：这门课有什么意义？

在你演戏结束后，利用剩下的上课时间（或其中大部分时间，你可能需要留出时间去介绍教学大纲)简单解释一下,并开始就课程、课程目标,以及学生对课程的期望展开全班讨论。最后这一项很重要。

了解学生想从课程中获得什么,可以帮助你进一步调整课程(或帮助你避免学生产生误解)。你或许会说,你已经想好了一些非常具体的事,希望学生在学期结束时能够做到,而且你已经设计好了课程,来帮助他们实现这些目标。但是,询问学生希望从课堂上获得什么,并认真倾听他们的回答,这么做很重要。这样的讨论,可以自然而然地引出以目标为导向的第一次作业。

学生的“写目标”作业

在 2015 年发表的一项研究中,一组来自荷兰和加拿大的研究人员考察了一项写作作业的效果,这份作业要求学生们必须阐明自己的目标——包括学术目标和其他目标——以便观察干预措施能否让学生的学习表现更好。① 这项研究是在荷兰的一所商学院中开展的,研究结果确实表明,写了这份作业的学生,他们的学习表现要明显优于未写该作业的对照组学生。此外,该作业似乎对那些通常在学业上感到有困难的学生特别有帮助:它大大缩小了不同性别、不同种族的学生之间的学习差距。

为什么这项写作作业能有这样的效果?我们又该如何在自己的课堂上运用这一研究成果?

---

① Michaéla C. Schippers, Ad WA Scheepers, and Jordan B. Peterson, “A Scalable Goal-Setting Intervention Closes Both the Gender and Ethnic Minority Achievement Gap,” *Palgrave Communications* 1(2015):1-12.

参与这项研究的荷兰商学院的学生们，被要求写下自己的大目标、小目标、短期目标、长期目标。他们简要而正式地写下了自己想要做得更好的事情、想要了解得更多的课程，以及他们想要改善的习惯。他们写下了自己理想中的未来，以及希望能避免的未来。这项作业促使他们具体阐述自己的各个目标并确定其优先次序，预测自己可能会遇上什么挫折，以及策划要如何实现自己的目标。学生们还被要求公开承诺，承诺自己能达到那个自己认为最重要的目标。

这项荷兰的研究建立在数十年来对"目标设定理论"("goal-setting theory")的研究基础之上。"目标设定理论"是由心理学家埃德温·洛克(Edwin Locke)自20世纪60年代开始提出的针对动力的构想。他的理论——深受企业界的喜爱——宣称，设定具体而具有挑战性的目标可以提高绩效，哪怕中途有重重障碍。用语言文字将目标表达出来，再将这些目标分解为具体的、具有挑战性的，但又可以实现的子目标，这种做法可以大大提高你的成功概率。①

为什么这一方法可以帮助学生在学业上表现得更好？请记住，设定目标已被研究证明可以增强自我调节能力，尤其是当学生的目标是"自我超越"的时候，也就是其动力并非完全出于自身利益的时候。把大目标分解成更小的、更容易实现的目标，有助于培养学生的信心，让他们走每一步都有成就感。设定目标似乎还能帮助学生避免不确定

---

① 见 Edwin A. Locke and Gary P. Latham, "Building a Practically Useful Theory of Goal Setting and Task Motivation: A 35-Year Odyssey," *American Psychologist* 57, no.9(2002):705－717.

感和冷漠感，减少他们的焦虑和回避行为，以免影响学业表现。① 所有这些都表明，我们应该尝试将目标设定引入课堂。

如果你想试试看这些研究人员设计的作业，不妨看看这份荷兰的研究。不过，如果你不想花那么多时间，让学生写他们理想中的未来，那么有一项更有针对性的作业，或许也能产生类似的积极效果。

在新学期刚开始的几天里，让你的学生们写下他们的各个目标。但要请他们具体地想一想，他们在这门课上的学习目标是什么。他们为什么要选这门课？他们希望在学期结束前学到什么？他们想培养什么技能？他们希望更好地理解哪些概念？让学生们集思广益，先提出一些大而全的目标，然后制订一个计划，通过更小的、更容易实现的步骤来完成这些目标。

鼓励学生设定这样的各个目标，能让他们更有可能接受你的课程目标。这项作业可以让学生明白，他们自己的目标很重要，至少跟教师的目标是同等重要的。实际上，你是在要求学生们写出他们打算在课程中取得怎样的进步，学习状态能够有什么变化——但愿是有改进的。

在学生将目标写下来后，你就可以在整个学期中不断回顾这些目标，监督学生的学习进度，并根据需要调整教学方法。或许更重要的是，由于课程目标——包括你的目标和学生的目标——很早就确定下来了，你就可以自由地让学生在课堂上发挥主导作用，因为你知道，你必须控制的那些重要的东西都已经确定好了。

---

① 见 Jacob B. Hirsh, Raymond A. Mar, and Jordan B. Peterson, "Psychological Entropy: A Framework for Understanding Uncertainty-Related Anxiety," *Psychological Review* 119, no.2(2012):304 - 320.

元认知 I：维护学生的主导性

待课程正式开始，你就可以把重点从制订目标，转移到鼓励和维护学生的主导性上来。这里的挑战在于，要引导学生对自己的学习负责。我们要为他们提供监督自己学习情况的工具，以便他们能够在学习过程中做出调整。要做到这一点，就需要通过元认知（metacognition）。

元认知就是“对思考的思考”。我们通过元认知来分析、监督、调节我们的思维和学习实践，从而改善这些实践。关于元认知在课堂教学中的价值，学界已研究了三十多年，这些研究得出了大量结论。① 但可以说，从大体上讲，更好的元认知就等于更好的学习。

如果得不到训练，许多学生是不会去思考备考、写论文或做课堂笔记的最佳方法是什么的。那些考试成绩不佳的学生，往往会用与之前完全相同的方式，去准备下一次考试。我们常常假定学生们都足够了解自己，我们的意见和建议足以促使他们做出积极的改变。但其实并不是所有学生都具有自我意识和自我反思的技能（更不用说良好的学习习惯了）。在课堂上提升学生的这些技能，可以让我们的教学工作轻松许多。如果我们能引导学生进行元认知思考，那么敦促他们在整个学期内都朝目标努力的重担，就不必完全落在我们身上了。

---

① 如果想要进一步了解元认知，请参阅 John D. Bransford, Ann L. Brown, and Rodney R. Cocking, *How People Learn* (Washington, DC: National Academy Press, 2000); and Nancy Chick, “Metacognition,” *Center for Teaching* (blog), Vanderbilt University Center for Teaching, accessed March 20, 2019, https://cft.vanderbilt.edu/guides-sub-pages/metacognition.

这里有一些相对简单的能激发学生元认知的方法。

卡内基梅隆大学的心理学教授玛莎·洛维特(Marsha Lovett)提出了一个很好的策略,叫作“考试反馈单”(exam wrappers)。[①] 从学生拿到第一份打了分的考试卷开始,这个策略就开始实施了。任何作业,包括论文,都可以轻松使用这一策略。学生们在拿到打了分的试卷时,还会同时收到一份考试反馈单——一份旨在让学生回顾自己考试表现的简短问卷。学生们先查看自己的考试结果,然后再回答考试反馈单上的问题。这些问题都是具备元认知性质的:你是如何准备这次考试的?你在考试中犯了哪些错误?下次你会改变哪些做法?

学生们填好问卷后再交还给你。这样一来,你就可以查看他们的回答,并评估他们的表现(以及你的表现)了。你或许能发现一些能助你调整今后教学的信息。而后,当学生们开始准备下一次考试或作业时,你再把考试反馈单还给他们。这样做的目的是让学生去思考自己的回答,并在必要时改变学习方法,争取在下一次考试中表现得更好。考试反馈单有助于使考试成为有益的教学工具,随着时间推进帮助学生成长。

你也可以通过有关学习和学习习惯的调查问卷,来培养学生的元认知。去问一问学生平时是如何复习备考的,是用手记笔记,还是用笔记本电脑记笔记的,以及他们对课程内容的了解是多还是少。我的很多学生都是大学一年级学生,因此这份问卷经常会引发他们热烈地

---

① “Exam Wrappers,” *Eberly Center* (blog), Carnegie Mellon University Eberly Center for Teaching Excellence and Educational Innovation, accessed March 20, 2019, https://www.cmu.edu/teaching/designteach/teach/examwrappers.

讨论高中和大学的差异，以及他们对大学的期望。你可以在学期的不同阶段带着学生一起重温问卷，回顾他们之前的回答，也看看随着课程的进展，答案发生了哪些变化。通过鼓励学生反思他们自己的进步，你能令学生明白，他们不但要对自己的进步负责，而且确实可以改变自己的前进轨迹。

但我没有时间开展这些元认知活动

我很同情那些认为自己有太多材料要讲，以至于没有时间开展元认知活动的教师。我明白这一点：我常常觉得一个学期的时间永远都不够用，无法把每一件事都做好。但这就是问题所在——时间就是永远都不够用，所以，更重要的是要认真考虑如何利用好时间，来实现我们的课程目标。研究已证明，增强学生的元认知能力，能有效提升学生的学习效果。不要认为元认知活动会挤占课程其他安排的时间，而是要将其视作能帮助学生充分利用其他安排的活动。

我在第一章中提到的塔玛拉·罗齐尔的“知识评级”，是另一种能让学生反思自己学习实践的方法。我们的目标是让学生的行为变得可见，以便他们能更好地控制自己的行为。

元认知 II：中期评估

你还可以鼓励全班学生一起开展元认知。每个班都有自己的特点和活力，值得在期中时进行一次摸底。

彼得·法林在他的《教学的乐趣》一书中提出了一个建议，当一门课程似乎偏离了轨道时，当有些学生没有融入课堂时，这个建议就可以派上用场。该建议适用于各种类型的课程，甚至包括那些并未暴露出明显问题的课程。这个建议就是，教师在期中时组织一次全班评估，指导学生公开讨论、诊断课程的进展。①

先给学生分发空白的索引卡，再请学生匿名回答几个关于这门课的一般性问题。我通常会要求学生在卡片的一面写下对他们真正有帮助的事情，在另一面写下对他们没有帮助的事情。你要向学生强调，你希望他们完全诚实（匿名回答有助于做到这一点），不要隐瞒自己的批评意见。

收集完卡片后，你可以把卡片带回家，仔细思考学生的回答，并想一想如何在后半学期调整方向。不过我认为更好的办法是，洗牌后重新分发给学生（要确保学生不会拿回自己写的卡片）。让学生大声读出卡片上的内容，并就如何安排后面的课程展开公开讨论。尽量不要辩解，倾听每个人的建议，与学生一起制订计划去解决能解决的问题。

中期评估能用得上的问题

哪些课程安排进展顺利？课程的哪些方面对你的学习有帮助？课程所涵盖的主题和开展的活动，哪些对你最有帮助？

---

① Peter Filene, *The Joy of Teaching: A Practical Guide for New College Instructors* (Chapel Hill: University of North Carolina Press, 2005), 71－73.

哪些方面需要改进或改变？课程的哪些方面不利于你的学习？在课程所涵盖的主题和开展的活动中，有哪些是我们可以不涉及的？

我们应该多做些什么？我们应该少做些什么？哪些事应该保持不变？

在学期结束前，你希望我们能解决什么问题？

课程进度是否太快或太慢？阅读材料（或作业或考试）是否难度太大？

我发现，哪怕得到的结论不太多——比如说，学生希望能有更多的讨论时间，或者能给他们更多的阅读指导——这种做法本身就能帮助澄清事实，改善课堂氛围。至少，这么做可以向学生表明，你重视他们的意见，并且鼓励他们成为课程和教学方式的主导者。

元认知 III：自我评估

临近课程结束时，元认知也是一个很有价值的工具。到了那时，学生们已经在该课程上学习了三个多月，可以充分地自我反思；在他们继续学习其他课程之前，给他们些时间和空间去反思自己都做了些什么，以及是如何做的。

对学生来说，自我评估是个很好的方法，可以帮助他们评估自己的学习，从而改进今后的学习策略。这一方法也有助于巩固他们在课上学到的特定技能——他们能借此提醒自己已经掌握了哪些未来或许能用得上的技能。①

此外，让学生反思自己的课程实践，也可以让他们通过准确反思自己究竟学到了多少，来更好地评估你的教学。

自我评估的形式有很多种。其中有一种方法是，首先向学生明确地介绍元认知思维的价值。再要求他们反思自己的学习策略，深入思考自己的思维习惯。你要向他们解释，反思行为本身就是一种有价值的学习策略。有了这番介绍，你就为问学生种种一般性问题铺平了道路：他们在课程中都使用了哪些策略？哪些策略有效？哪些无效？你问的问题的性质可以因课程而异（我在下面提供了一些问题的示例）。这么做的价值在于，你能要求学生去思考那些通常不被他们注意和质疑的问题。即便他们的回答往往比较含糊，进行这种自我评估也能在很大程度上帮助学生形成有价值的元认知实践，从而对他们今后的学习有所助益。②

---

① 元认知与“学习迁移”之间的联系，已经在文献中得到了普遍确立，但由于元认知技能有许多不同的名称，因此有时很难确定。参见 Bransford, Brown, and Cocking, *How People Learn*, 12－13, 18－21.

② 关于元认知对学生学习的益处，请参见 Anat Zohar and Sarit Barzilai, “A Review of Research on Metacognition in Science Education: Current and Future Directions,” *Studies in Science Education* 49, no. 2(2013): 121－169; Christine B. McCormick, Carey Dimmitt, and Florence R. Sullivan, “Metacognition, Learning, and Instruction,” in *Handbook of Psychology*, 2nd ed. Vol. 7, ed. William M. Reynolds and Gloria E. Miller (Hoboken, NJ: Wiley, 2012), 69－97; and J. Kevin Ford et al., “Relationships of Goal Orientation, Metacognitive Activity, and Practice Strategies with Learning Outcomes and Transfer,” *Journal of Applied Psychology* 83, no. 2(1998): 218－233.

自我评估问题示例

回顾本学期，你认为自己的表现如何？这份自我评估旨在帮助你思考你的课堂体验，吸取经验教训，以便今后更好地学习其他课程。

1. 回想本学期初，你为上这门课定下了哪些目标？你在多大程度上实现了这些目标？这些目标有没有随着时间推进而发生变化？哪些目标还没有达到，你认为原因是什么？

2. 你在这门课上学到的最重要的三件事是什么？你能描述一下你是如何学到的吗？

3. 在这门课上，你使用了哪些策略来帮助自己学习？你是如何完成作业的？你是如何准备考试的？哪些策略很有效？哪些不太奏效？

4. 如果让你重新学一遍这门课，你会在学习方法上做出哪三项改变？你认为那些改变能达到什么效果？

除了以上这些之外，旧金山州立大学的生物学教授金伯利·D. 坦纳(Kimberly D. Tanner)还提出了“回顾性后评估”(“retrospective postassessments”)。[①] 大致来说，她会要求学生去比较自己在课程结束时的学业水平和在课程之初时的水平。你可以想出一些明确的句子让学生去填：“在上这门课之前，我认为马克思主义是________；现

① Kimberly D. Tanner, “Promoting Student Metacognition”, *CBE-Life Sciences Education* 11, no.2(2012):113–120.

在，我认为马克思主义是________。”你也可以要求学生写出自己在面对某些课程主题时，思考方式发生了怎样的变化。无论用哪种方式，你都得要求学生直面自己的学习状态，反思自己走过的路。

如果你在学期之初，就已经像很多教师那样，问了学生对各个课程主题存有哪些先入之见（你可以让学生在学期之初的“写目标”作业中完成这项工作），那么坦纳的方法会特别有效。这样一来，学生就可以将他们当前的想法与过去的想法进行比较，以此开展自我评估。

要是你在学期之初并没有要求学生去做这样的“预评估”（“pre-assessment”）呢？那你也仍然可以让他们在课程结束时面对过去的自己。我特别喜欢的一种方法是，要求学生在课程结束时重温自己的第一次作业，将其作为自我反思的基础。放到现在，他们会在哪些地方做得不一样？他们之前在哪些方面碰巧做对了？他们从中得到了什么经验教训？

还有一个更好的办法，就是要求学生把他们在一学期里做的所有作业汇编成一个集子，仔细阅读它，并写出一份关于他们是如何取得进步的分析报告。有些教师可能会更喜欢这种具体细致的方法，而不是那些空泛笼统的方法，因为这种方法能让学生关注到自己对课程做出了哪些明确的贡献。

最后一次课的噱头

在最后一次课上，我喜欢用最后一个元认知的噱头来结束一学期的课程。它可以让学生以一种很有创意的，甚至可能很好玩的方式，去思考我们都做了哪些事，以及这些事有怎样的意义。随着课程即将结束，你应该有这样一个目标，即学生能够将各个课程主题综合起来，而学生的元认知能帮助实现这一目标。

我要求学生们给将来来上这门课的学生写信。这项作业相对来说挺简单的。我解释说，他们现在已经几乎学完了整门课，完全有能力对这门课做出评判。他们可以反思这门课的优缺点，并向来年秋季来上这门课的学生提出建议。他们来上课之前应该了解些什么？自己在哪些方面本可以做得更好？未来的学生应该了解这门课的哪些方面，以及，应该了解教师的哪些情况？

就像我之前提出的“初次课噱头”一样，这种做法也有其价值，这种价值令它不仅仅是一个噱头。你如果能说服学生认真完成这项作业，就会看到它有很多好处。

第一，写这封信能促使学生不得不真正思考整门课程，以及他们自己在课程中的作用。从这个意义上说，这项作业是一项潜移默化的元认知练习。要求学生向其他学生建议如何上好这门课，能迫使他们反思自己的学习方法，并思考自己本可以在哪些方面做得更好。试着给学生提些具体的问题。这么做的目的是将写信变成课程回顾，这也能帮助学生准备期末考试。可以提以下问题：这门课最看重什么？哪些阅读材料最有见地，为什么？学期结束时还有什么不懂的地方吗？让学生回答这些问题，能够促使学生回顾材料。写这封信自然能引导学生去回忆学期之初时的情形。这会令他们去总结自己学到了哪些知识，看到自己有哪些进步。

第二，学生的信对作为教师的你也有好处。把这些信看作是对学生的额外的、不那么正式的评估。别让学生把信的内容重点放在你的教学情况上。但是关于学生的课程体验的信，不可避免地会涉及教师。无论如何，这些信件能让你了解这个学期你的教学是否成功。你可以更好地了解哪些做法行得通，哪些行不通，以及你认为重要的东西是否就是学生真心认为重要的东西。你会收获一些或含蓄或直截了当的切实建议。众所周知，要想从学生的评教中获得有实际指导意义的反馈是很难的，尤其是那些仅仅用数字去给课程各方面打分的评教。这些信应该要写得具体而坦诚，信件的格式则可以随意一些。

第三个好处是，它对将来要上这门课的学生有利。在新学期的初次课上，给新学生分享往届学生的来信，能让新学生大概了解这门课是怎么结课的。当然，你不必分享所有的信件；你可以不分享那些你认为效果会适得其反的、无意义的，或者对你评价不好的信件。

但我鼓励给学生分享各种各样的信件。在理想情况下，阅读这些信能让新学生思考这门课，知道自己可以期待些什么，以及应该如何对待这门课。但同时，这些信也能让他们意识到，不同的学生在上同一门课时，可能会获得截然不同的体验。读这些信能让学生明白，他们各自的体验将主要取决于他们自己是怎么学习的，以及他们对课程的投入程度。读信还能激发学生的元认知思维，而这也是你在未来整个学期里，将一直希望学生能培养出来的思维。

第三章

构建更好的课程

每天早晨喝咖啡之前，我都会把洗碗机里的碗碟拿出来。这或多或少算是无意识的活儿，但常常有那么一刻，我不得不停下来。我拿出放银餐具的篮子，把它放到台子上，看着杂乱的餐具：叉子、勺子和刀东倒西歪地插在一起。有那么一瞬间，我被一种无力感压倒——我不知道该从哪里开始收拾。当然，我很快就会回过神来，把所有东西放归原位。幸运的是，怎么收拾叉子和勺子并没那么重要。

新学期伊始，教师——尤其是新手教师们——往往也会面临相似的境况。要想把一门大学课程安排好，你必须做出各种选择，这可能会让你感到不知所措，尤其是这些选择对大多数教师来说确实都很重要。你对学生有什么目标？你要如何评估他们是否达到了那些目标？你将如何利用课堂时间，来让他们在你评估时能真的达到目标？该从哪里入手？

本章将重点讨论这些抉择，并希望能帮助你打造各种能让学生的学习效果更好的课程要素。如果我们致力于提高教学质量，我们就得关注所有这些要素：我们如何制订教学大纲，我们如何鼓励学生学习材料，我们如何应对阅读文本和作业、学习讨论会和考试。通过将学生的体验放在首位，并借鉴学习科学（learning sciences）研究的成果，我们可以改进这些要素，为学生构建能令他们更愿意学习的环境。

制造可取的困难

几年前，心理学研究者帕姆·米勒（Pam Mueller）和丹尼尔·奥本海默（Daniel Oppenheimer）开始研究学生在课堂上使用笔记本电脑的学习效果。① 他们的兴趣并不在于研究学生是否会因为上网而分心，而是想看看笔记本电脑在其名义上的学术功能——记笔记——方面能有多有效。他们让一群大学生去观看一系列的 TED 演讲。其中一半的学生拿到了笔记本电脑（不连接互联网），并被要求像平时上课时那样做笔记。另一半学生也要完成同样的任务，只不过要用纸和笔去记笔记。当围绕材料测试不同学生时，结果显而易见：用纸和笔记笔记的学生在概念性问题上的测试表现，要远胜于那些使用笔记本电脑的学生。这是为什么呢？

论文的作者们总结说，当学生用笔记本电脑记笔记时，数据输入的便捷性会使其更有可能逐句记下教师说的话。相反，那些手写笔记的学生，由于书写速度不够快，无法记下所有内容，因此必须有所取舍。正是这种取舍——总结、思考什么内容最重要，预测哪些内容将

---

① Pam A. Mueller and Daniel M. Oppenheimer, "The Pen Is Mightier Than the Keyboard: Advantages of Longhand over Laptop Note Taking," *Psychological Science* 25, no. 6(2014):1159 - 1168.

来会有用——帮助了那些用纸和笔记笔记的学生。使用笔记本电脑的学生最终会得到更整洁、更容易搜索的笔记，但他们可能就放弃了前期处理信息的机会，而前期处理似乎是长期记忆上课内容的关键。

从某种意义上说，作为教师，我们应该努力让学生学得更轻松。我们是学生学习环境的设计者，我们希望能为学生扫除学习之路上的一切障碍。但从另一种意义上说，轻松并不是我们想要的。对学生来说，世界上最轻松的事就是坐下来听(或不听)讲授式课程。正如我在第一章中所讨论的，已有大量研究表明，这并不是一种好的学习方法。只有当学生的大脑在运转，在积极处理新信息和新技能时，学生的学习效果才是最好的。这个简单的观点——活跃的大脑学习效果更好——也构成了加州大学洛杉矶分校的认知心理学家罗伯特·比约克(Robert Bjork)所说的“可取的困难”(desirable difficulties)的基础。① 简单来说，我们应该想方设法地去设计各种能让学生多用脑的学习任务。

米勒和奥本海默的记笔记研究再次提醒我们，我们的大脑并不是空空的容器，等着被填满。我们的记忆是通过频繁的神经活动，通过反复的编码和检索过程得到巩固的。因此，尽管用笔记本电脑记笔记可以更轻松地记录材料，供今后学习之用，但这种轻松对我们的学生来说是没有好处的。人脑或许不是肌肉，但这一类比并非完全没有道

---

① Elizabeth Ligon Bjork and Robert Bjork, “Making Things Hard on Yourself, but in a Good Way: Creating Desirable Difficulties to Enhance Learning,” in *Psychology and the Real World*, ed. Morton Ann Gernsbacher and James R. Pomerantz (New York: Worth Publishers, 2011):59 - 68.

理；我们的大脑在获取知识时越卖力，就越能记住知识。

我们可以禁止学生带笔记本电脑来上课，以鼓励学生手写笔记，但也有充分的理由能证明这么做并不明智。特别是，禁止使用笔记本电脑，会令那些因身心障碍而需要使用笔记本电脑的学生在学习的时候感到更困难。① 那么，我们还能如何在课堂中引入可取的困难呢？

方法之一是变换学习条件。当学生习惯了总是在同一个条件下学习或练习时，就会很难将学习迁移到其他情境中。变动本身或许就是一种可取的困难，可以训练大脑变得更加灵活。1978 年，罗伯特·克尔（Robert Kerr）和伯纳德·布思（Bernard Booth）开展了一项研究，让孩子们练习向目标投掷豆袋。一组孩子练习向 3 英尺外的目标投掷，另一组孩子则变换练习方式，向 2 英尺和 4 英尺外的目标投掷。不久后，再去测试所有孩子向 3 英尺外的目标投掷豆袋的能力。第二组——练习向不同距离的目标投掷豆袋的那一组——的表现要优于第一组。② 这一结果在最近的研究中也得到了印证，研究表明，多样化练习不但对学习运动技能有好处，而且对学习认知技能也有好处。③

---

① 有关该问题的见解，见 Rick Godden and Anne-Marie Womack, "Making Disability Part of the Conversation: Combatting Inaccessible Spaces and Logics," *Hybrid Pedagogy*, May 12, 2016, http://hybridpedagogy.org/making-disability-part-of-the-conversation.

② Robert Kerr and Bernard Booth, "Specific and Varied Practice of Motor Skill," *Perceptual and Motor Skills* 46, no.2(1978):395 - 401.

③ 例如，可参阅 M.K. Goode, L. Geraci, and H.L. Roediger, "Superiority of Variable to Repeated Practice in Transfer on Anagram Solution," *Psychonomic Bulletin & Review* 15(2008):662 - 666.

在课堂教学中要牢记这一点。尝试以多种方式去使用材料，让学生能够在不同的情境中学习。学生可以通过听讲座、在家阅读、小组讨论、课堂展示、参与研究等多种方式去学习同样的材料。在教授某一项技能时，要尽量让学生能有机会在不同领域运用该项技能。甚至改变环境也是有帮助的：1978 年，比约克参与带领的一项研究发现，在两个不同房间学习相同材料的人，其考试成绩要比在同个房间学习两次的人好。① 下次当你的学生要求你到户外上课时，请记住这一点。

这也提示我们可以在上课时将不同主题交叉混合起来。这种做法通常被称为“交错”（interleaving），它能迫使学生经常变换学习内容，令学生在每次回到某个主题时都要“重新加载”记忆。这种额外的脑力劳动正是我们所寻求的可取的困难。与其用一整节课的时间来学习一个主题，然后再用另一整节课的时间来学习另一个主题，不如试着让学生把短时间内的注意力集中在不同主题上。花 20 分钟的时间学习某个主题，并在不同主题之间频繁切换，这么做有助于改善长期记忆。伊丽莎白·比约克（Elizabeth Bjork）和罗伯特·比约克认为，你要做的是让学生在你回到某个材料之前就开始遗忘它：“遗忘（失去检索强度）有助于增加即将要学的信息或技能的存储强度。”②

遗忘的益处（比约克夫妇在加州大学洛杉矶分校的实验室，被称为“比约克学习与遗忘实验室”[Bjork Learning and Forgetting Lab]）也能指引学生改善课外学习方法。当学生在考前最后一刻拼命复习，

---

① Steven M. Smith, Arthur Glenberg, and Robert A. Bjork, “Environmental Context and Human Memory,” *Memory & Cognition* 6, no.4(1978):342 - 353.

② Bjork and Bjork, “Making Things Hard,” 61.

靠一杯咖啡完成备考的时候，他们或许最后能考个好成绩，但通常很快就会忘掉大部分信息。这就是为什么大学时我的心理统计学这门课成绩很好，但现在我却对心理统计学的精髓一无所知的原因。这种填鸭式复习之所以不利于长期学习，原因之一是，它会让学生以为自己学到了比实际更多的东西。长时间反复温习教材中的某一章节，会让学生对这部分内容产生熟悉感，这种熟悉感会让学生误以为自己已经掌握了这些内容。大量研究证实，只有当学生不得不多次重新学习材料，强迫自己的大脑完成信息编码和重新编码这一艰巨工作时，他们才能记得最为持久。

学生在整个学期都在学习，经常复习学过的内容，这要比他们直到考试周才学习要好得多。作为教师，我们不妨鼓励学生交错学习。我们还应该避免只在期末才提供一次复习指导的做法，而应在整个学期里不断提供耗时较短的复习指导。

多考试：了解考试效应并加以利用

我们能在课堂上引入的最有效的可取的困难，或许就是考试了。虽然我这里是这么写的，但实际上，出于本能和训练，我一般会避免考试，很多时候只是因为系里有要求，我才安排考试。当我教文学课或写作课时，我通常认为，比起考试来说，由论文、作业、课堂展示和课堂参与所组成的评估方式，才是更加合适的评估方式，考试似乎是一种缺乏想象力的、生硬的评估方式。但是，正如我在第五章中详细解释的那样，评估不仅是一种衡量学生学习效果的工具，还可以是一种形成性的(*formative*)手段,能够促进学生学习。事实证明,安排学生考试,要求学生回忆和展示之前学过的东西,是一个能让学生学习效果更好的非常好的方式。

圣路易斯华盛顿大学的心理学教授亨利·L. 罗迪格三世(Henry L. Roediger III)花了数年时间,去研究所谓的考试效应——即参加考试似乎有助于学生记住课堂材料这一不寻常现象。2006 年,罗迪格与他当时的研究生杰弗里·D. 卡尔皮克(Jeffrey D. Karpicke)合作,找了一些大学生做实验对象,要求这些大学生去阅读涵盖了一般科学主题的文本。① 在所有学生都阅读完他们提供的文章后,他们让其中一半的学生重新学习该文章,让另一半学生直接参加围绕文章内容的考试。结果表明,前一种做法有一定的短期益处——学生们在刚学完的几分钟内加深了对文章的了解。但是,那些没有再次学习就接受测试的学生,在两天后和一周后对这篇文章的记忆明显更为深刻。实验重复了多次,结果都是一致的:与光学习相比,参加考试是一种更好的长期记忆手段。

在 2006 年发表的另一篇论文中,罗迪格和卡尔皮克回顾了近一个世纪以来有关考试效应的研究,他们得出结论:考试效应是一个持久的、在科学上没有争议的现象。② 他们查阅了大量实验室研究和课

---

① Henry L. Roediger III and Jeffrey D. Karpicke, "Test-Enhanced Learning: Taking Memory Tests Improves Long-Term Retention," *Psychological Science* 17, no. 3 (2006):249 - 255.

② Henry L. Roediger III and Jeffrey D. Karpicke, "The Power of Testing Memory: Basic Research and Implications for Educational Practice," *Perspectives on Psychological Science* 1, no. 3(2006):181 - 210.

堂研究(该论文有150多篇参考文献),一次又一次地发现,参加考试的学生比只学习不考试的学生更能记住学习材料。即便学生在最初的测试中表现不佳且没收到测试反馈,这种效应也依然存在。①

当我们了解了什么是可取的困难,了解了让我们的大脑运转和重新学习信息的重要性,这种现象就不会那么令我们惊讶了。考试是一种让我们必须绞尽脑汁记住正确答案的环境。考试会迫使我们努力回想我们所学过的知识,而正是这种努力能帮助我们更好地学习。

如果想进一步了解考试效应,可以读一读罗迪格、彼得·布朗(Peter Brown)和马克·麦克丹尼尔(Mark McDaniel)共同撰写的《让记忆更持久》一书。这本书更详细地介绍了有关考试效应和其他可取的困难的研究。在此,我想提出几种在大学课堂上利用考试效应的方法。

方法一,多考试。我知道很多学生都害怕考试:他们认为考试并不能准确衡量他们在大学课堂上的表现。他们在高中时可能参加过不少次设计不当的标准化考试。有些学生在面对高风险考试时,可能

---

① 尽管许多研究表明,即便不提供反馈,考试效应也会持续存在,但布朗、罗迪格和麦克丹尼尔还是在《让记忆更持久》(*Make It Stick*)一书中指出,考试的反馈,尤其是被推迟了的考试反馈,可以增强积极的考试效应。"研究表明,提供反馈比光考试不反馈更能维持学习效果,有趣的是,有一些证据表明,短暂推迟反馈,要比立即反馈能带来更好的长期学习效果。"Peter C. Brown, Henry L. Roediger, and Mark A. McDaniel, *Make It Stick* (Cambridge, MA: Harvard University Press, 2014), 39.——原注

《让记忆更持久》一书的中文译本可参见彼得·C.布朗等著,邓峰译:《认知天性:让学习轻而易举的心理学规律》,中信出版社2018年版。这里书名保留直译。——译注

会焦虑到近乎崩溃。但是，我们并不是非得使用标准化考试，我们也不必以单次考试成绩来决定学生的课程最终成绩。如果我们安排考试的主要目的不是为了评估学生到底学到了多少知识，而是为了促进学生进一步学习，那么，在整个学期中经常安排低风险的测验会更有意义。

这种做法有几个吸引人的好处。首先，定期测验可以确保学生在整个学期中都在有规律地学习，而不是等到大考前才一下子把所有知识都重新学习一遍。我们都知道，分散性的学习更能促进长期学习。其次，频繁的测验可以缓解焦虑、让人更自在：如果测验的频率是固定的，比如每周一次，那么学生的考试焦虑就会大大减轻。他们会对参加你的课堂测验感到习以为常。他们不会再觉得一切（或很重要的一部分）都取决于他们在一两次考试中的表现。让测验成绩在学生的期末成绩中只占一小部分也会有所帮助。

在对考试效应研究的探查接近尾声时，罗迪格和卡尔皮克提到了他们的同事凯瑟琳·麦克德莫特（Kathleen McDermott），她也是华盛顿大学的心理学教授。麦克德莫特每堂课都会给她的学生安排测验，她把每堂课的最后10分钟都留来考查学生对指定的阅读材料和授课内容的理解情况。学生们都明白自己必须有所准备，而测验有助于学生记住每堂课的重要信息。[①]

你也可以鼓励学生开展自我测试。教育研究表明，与光学习相比，接受测试是一种更有效的学习方法，这提示我们去反思传统的学

① Roediger and Karpicke, "Power of Testing Memory," 205 - 206.

习方法。复习各种资料——重读教材、翻阅笔记，等等——并不是一种非常有效的学习方法，它太轻松了。学生如果反复阅读笔记，就会产生一种虚假的掌握感；每翻阅一页，笔记上的内容就会变得更加熟悉，大脑在处理信息时的工作量就会更少。最好是围绕材料进行自我测试。可以制作知识卡片（flash cards），在卡片上写上需要经常回忆的概念定义或现象解释。知识卡片是一个能让大脑检索那些无法唾手可得的信息的好方法。告诉学生什么是考试效应，并建议他们对其加以利用。

敦促学生阅读

无论你的专业是什么，无论你采用什么样的教学方法，毫无疑问，你都会希望你的学生能够针对你的课程阅读一些材料。你会在教学大纲里指定阅读材料，也会在每次计划教学时，期望学生已经读了这些材料。在许多课程中，也包括我的课程在内，阅读材料和学生对阅读材料的理解，是学习过程中不可或缺的一部分。然而，许多研究一致表明，绝大多数大学生——可能多达 80%——经常会在没有完成阅读任务的情况下来上课。①

① 见 Eric H. Hobson, "Getting Students to Read: Fourteen Tips," *Idea Paper* 40 (2004): 1 - 10; Michael A. Clump, Heather Bauer, and Catherine Breadley, "The Extent to Which Psychology Students Read Textbooks: A Multiple Class Analysis of Reading across the Psychology Curriculum," *Journal of Instructional Psychology* 31, no. 3(2004): 227 - 232; Colin M. Burchfield and John Sappington, "Compliance with Required Reading Assignments," *Teaching of Psychology* 27, no. 1(2000): 58 - 60.

这是个难题。如果你上过课，你就会知道，在学生没做准备的情况下试图引导他们讨论，或吸引他们参与课堂活动会是件多么令人沮丧的事。我认为，如果你已经做了让学生投入课程的艰辛工作，如果学生真的想要学习你希望他们学习的东西，他们会想要阅读的。但是，我们还是可以采取一些措施，来敦促学生在课前完成阅读。

也许最简单的策略就是安排阅读测验。如果你想在课堂上定期引入低风险的测试来达到考试效应，那么不妨试试阅读测验。围绕阅读材料中的概念对学生进行测试，可以帮助学生更好地学习这些概念。当然，如果学生知道有测验，且这些测验会影响他们的期末成绩，那么会有更多学生愿意认真阅读的。

我还发现，当你感到学生开始懈怠了，那么一两次突击性的阅读测验可以非常有效地提醒他们该做些什么。

如果你对阅读测验的惩罚色彩有所顾忌，那么可以采用更温和的方式，针对阅读材料提问题。在阅读材料后面附上一份简短的问题清单，供学生思考回答，并请他们就课上应如何讨论这篇阅读材料提出自己的想法。问一问学生，阅读材料中有哪些内容是容易掌握的，不需要进一步解释的。也请他们说出自己不理解的地方，问问他们觉得哪些内容对理解主题最有帮助。通过提问那些与阅读材料相关的问题，你可以让学生更明白阅读材料对课程来说很关键这一事实。你还可以借此获得对自己有用的信息，来指导你的讲课或课堂讨论（特别是如果你让学生在课前提交回答的话）。

这样的问卷也可以用来监督学生的阅读情况：问卷收上来后，谁读了，谁没读，一目了然。这么做还有一个好处，那就是可以把学生看作你希望他们成为的那种成熟的知识分子，他们的阅读反馈能影响全班的阅读讨论，而不是把他们当作不听话的、需要家长看管的孩子。

我们还要确保我们的必读篇目是真正必需的。每当我的学生没有做课前阅读，我总是第一个提出不满；但是，如果我不经常在课上用到我要求他们读的东西，我就不能责怪他们不花时间去阅读了。我们的很多学生都肩担许多责任——上多门课程、兼职甚至全职工作、家庭责任、繁重的社交生活——这些责任迫使他们得务实地分清主次。如果他们发现没有必要阅读你布置的所有材料，他们就不会去阅读你布置的所有材料。大多数学生只有在不阅读会导致成绩差的情况下才会去阅读。否则他们就会有更重要的事情要去做。

所以，请仔细读一读你的教学大纲，确保所有的阅读任务都是必要的，确保只有完成这些阅读任务才能达到课程目标。学生需要阅读哪些材料，他们能否在合理的时间内读完，以及你是否能有足够的时间在课堂上进行讲解，在回答这些问题时，你要做到果断而诚实。你要在课上跟学生一起讨论你布置的阅读材料。

讨论为什么你要布置这些阅读任务也很有帮助。你不必竭力推介每篇阅读材料，也不必对学生阅读后能有什么收获做出不切实际的承诺。但要记住，你是在要求学生做某件事，至少应该告诉他们原因。例如，你可以在课堂的最后 5 分钟，提醒学生下一次要读什么，并告诉他们能期待什么。为什么你要指定他们读这篇阅读材料？它对目前的学习有什么帮助？下一堂课将如何以他们的阅读收获为基础展开？他们需要从文本中读懂什么，才能充分参与讨论？他们应该在阅读时试着回答什么问题？彼得·法林建议，每篇阅读材料都要给学生发一份讲义，其中包括“引介”（说明为什么要布置这篇阅读材料）、“阅读问题”（帮助学生理解文本）和“讨论问题”（学生可以在上课前思考）。[①]

最后，在课堂上使用阅读材料，而不是复习它。许多教师，尤其是那些怀疑学生没有完成阅读任务的教师，会花费大量课堂时间为学生总结阅读材料中最重要的部分。虽然许多学科都要求将阅读材料作为课堂讨论的主要对象，但一定要确保你没有为学生做完所有工作。如果你把学生需要知道的信息都告诉了他们，那他们为什么还要额外花时间去阅读呢？因此，课堂活动应建立在阅读材料的基础之上，而不要复述阅读材料。

把作业设计得更好

课程设计的一个重要部分就是对作业的设计。在设计作业时，应遵循哪些原则，如何确保作业的成功？

你的作业得反映你的课程目标，即你希望学生能够做到什么，或学生能够展示他们学到了什么。作业是让学生向你展示他们能够很好地掌握所要求的技能，或运用所学知识的一种方式。但是，如果你不清楚你的目标是什么，他们就无法做到这一点。

“教与学透明化项目”（Transparency in Learning and Teaching Project）的研究表明，学生在开始写作业之前，如果能拿到一份更清晰、

---

① Peter Filene, *The Joy of Teaching: A Practical Guide for New College Instructors* (Chapel Hill: University of North Carolina Press, 2005), 65 - 70.

透明的作业说明，他们会获得更好的学习效果，这一点在通常表现不佳的学生身上体现得尤其明显。[1] 这意味着你要向学生解释作业的总体目标(你希望学生获得什么知识，你希望他们练习什么技能)，和你希望他们在完成作业时遵循的具体步骤，以及你将用来评估他们的具体标准。如果你在一开始就把这些工作做好，确保学生能充分理解你的要求，你就可以在评分时省去很多工作。

那么评分标准呢？在课堂上使用评分标准的原因似乎有很多。作为一份说明你将用来评估学生的标准的文件，评分标准本质上是一种我经常倡导的开放性工具。一份好的评分标准可以让学生清楚地知道你对他们有哪些期望。学生们有不同的成长背景——教师也是如此——但许多教师仍然会让学生去猜测“A 等作业”要达到什么要求。评分标准旨在消除学生的这种困惑。它还有一个好处，那就是避免学生抱怨自己的成绩。当学生下课后留下来恳求你高抬贵手，把成绩从 C 等往上提一提时，你就可以直接指着评分标准(“看，这就是你的不足之处”)。

使用评分标准的另一个好处是，设定评分标准可以迫使你明确教学目标，从而提高你的教学水平。如果你能想清楚你希望学生在作业和考试中做到什么，你就可以让你的目标更加清晰。评分标准可以提供给你一个结构，帮助你为学生提供更高效的反馈，关注他们仍然欠缺的技能。从这个意义上说，评分标准也可以为你提供有价值的信

---

① Mary-Ann Winkelmes et al., “A Teaching Intervention That Increases Underserved College Students' Success,” *Peer Review* 18, no. 1/2(2016): 31 - 36.

息，让你了解课程的哪些方面行得通，哪些方面行不通。

不过，以我的经验来看，许多评分标准往往都难以推行，因为作为一种工具，它们在修辞方面无法很完善。大多数评分标准使用的语言都是学生们理解不了的。很多时候，我们在试图强调希望学生掌握什么技能时，都会使用对学生来说意义不大的模糊而抽象的表达。我不了解你的学生的情况，但告诉我的学生他们应该“运用语言来更好地控制自己的想法”，或者“反映主题的生成性”，并不能真正帮助他们理解为什么他们似乎无法取得比“C+”更好的成绩。是的，你可以努力在评分标准中使用更有效的语言，但问题仍然是，由于评分标准是抽象的，因此它们往往无法向学生展示你对他们的实际期望。

虽然向学生明确传达期望是一个很好的目标，但评分标准并不适合这项任务，因为它们是从学生实际完成的作业中概括提取而来的。不妨把本来要用来制订评分标准的时间，给学生提供更好的、更详细的作业反馈。如果你打算使用评分标准，那么请尽量基于学生真实的作业情况，去制订评分标准或修改已有的评分标准。制订下一学期的评分标准的最佳时机，就是刚批改完这一学期的作业之时。

从这个意义上说，我认为给学生提供其他学生写的作业范例，可以有效地补充或替代评分标准。首先，找到由往届不同水平的学生完成的作业范例。如果你布置了一项全新的作业，那么尽量找一些能代表这一新作业的类型的范例。你可以要求学生课后读这些范例作为家庭作业，也可以把学生分成不同小组让他们在课堂上读，效果会更好。把这些没写成绩的作业范例分发下去，让每个小组讨论每一份作业的优缺点并打分。接着，组织全班学生讨论每一份作业，让各小组解释为什么给拿到的匿名作业打出了那样的分数。最后，公布每份作业范例的实际分数，并详细解释原因。

此时，你的学生就非常熟悉这些作业范例，并能准确理解你的评分理由了。他们会明白你对他们有怎样的期望，不是通过抽象的语言，而是通过理解他们该怎样完成作业。当你指出 A 等作业做到了什么，B 等作业没有做到什么，学生就能明白什么是“使用证据来支持你的论点”，以及其他你希望他们在作业中展示出来的东西到底该是什么样子。这样一来，你就可以向学生传达你的期望，而不必向他们分发一份很可能会被他们忽视的术语繁多的文件。最好能将这些作业范例发到网上，以便学生在完成自己的作业时参考它们。

维多利亚大学的阿利森·哈德温（Allyson Hadwin）建议将“任务分析”（“task analysis”）纳入作业评分。① 也就是说，要求学生以书面形式回答有关作业目标、完成作业所要解决的任务、教师的期望等问题。请记住，能够完成大学水平的作业，这本身就是一种技能，有些学生——尤其是大学一年级学生，可能需要别人帮助才能理解自己要做哪些事情。哈德温建议提出这样的问题：“为什么给你布置这项任务？”以及“这项任务与其他课程阅读材料、讲座和活动能怎么联系起来？”我认为，询问学生成功完成作业需要采取哪些步骤，并让他们仔细思考如何完成这些步骤，也是一个好主意。无论如何，要经常与学生沟通，确保他们在完成作业的过程中不会偏离方向太远。在课堂上花

① Allyson F. Hadwin, “Do Your Students Really Understand Your Assignment?,” *LTC Currents Newsletter* 2, no.3(2006):1-9.

几分钟时间，提醒学生他们应该如何完成作业，这会让他们受益匪浅。

任务分析示例/任务规划示例

在学生开始做一项大作业时，你可以给他们作出以下指示：

1. 重读作业提示。

2. 这项作业的目标是什么？如果你成功完成了这项作业，你能获得什么或了解什么？你需要在作业中展示出什么，才能满足作业要求？

3. 写下成功完成作业所需的所有步骤。

4. 浏览所有步骤，在每个步骤旁边注明你认为自己完成该步骤需要花费多长时间。

5. 根据作业的截止日期，给自己制订一个计划：完成每一步骤的时间表。考虑到你在学业和生活等方面还有其他各种安排，请尽量写得务实一些。

最后，你可以自己完成一遍你布置给学生的作业。这是一种听起来既不同凡响又平淡无奇的想法。珍妮弗·冈萨雷斯（Jennifer Gonzalez）会在她的“教育至上”（Cult of Pedagogy）网站上撰写教学方面的文章，她在2015年写到了“内部测试”（“dogfooding”）——这是科技界的一种做法，即在将产品推向市场之前，先像消费者一样试用产品。[1] 冈

---

① Jennifer Gonzalez, “Dogfooding: How Often Do You Do Your Own Assignments?,” Cult of Pedagogy, June 10, 2015, https://www.cultofpedagogy.com/dogfooding.

萨雷斯认为，在把作业布置给学生之前，先自己完成一遍，这样做有很多显而易见的好处。你能够提前发现潜在的问题。你能够写出更清晰的说明。并且你很可能会发现，作业与你的课程目标不符，需要重新设计。

改进同伴互评

我在课上布置的每一篇论文，学生们都必须参加同伴互评；学生们互相阅读对方的草稿，并提出批评和修改建议。在开始这个过程之前，我总是会先询问班上学生以前参加互评的经历。我会问："在座有谁参加过没什么用处的互评？请举手示意。"几乎每个人都举起了手。"如果同伴互评过去曾帮助你提高了写作水平，请举手示意。"这次举手的人少了很多。

当我追问学生时，大多数学生会向我反映说，同伴互评往往是在浪费时间：他们的同学或是太友善了，或是对此事不够关心，或是不知道该如何提出建设性意见，因此很少有人能得到什么有用的建议。我的经历似乎与调查研究的结果不谋而合；2014 年一项关于学生对同伴互评的看法的研究发现，学生在参与四门不同课程的同伴互评后，对同伴互评的"正面看法总体上略有减少"。①

我们该如何去补救呢？同伴互评是一项几乎所有学科的课程都可以从中受益的活动——从自然科学到人文科学再到工程学，任何需

---

① Raoul A. Mulder, Jon M. Pearce, and Chi Baik, "Peer Review in Higher Education: Student Perceptions Before and After Participation," *Active Learning in Higher Education* 15, no.2(2014):157 - 171.

要学生提交作业的课程，都可以让学生在学习过程中相互阅读和回应彼此的作业。① 学生可以从教师以外的人那里获得反馈，他们可以看到其他人是如何做同一份作业的，而教师也可以减轻负担。更重要的是，许多研究表明，评阅他人作品的过程，有助于评阅者自己成为更好的写作者。② 但我们不能假定学生知道该如何提供有用的反馈——正如我的学生过去的经历所证明的那样，仅仅让学生互相交换论文并将自己的想法告诉彼此，这么做并不能解决问题。

我总结出了一种方法，我认为它可以规避大多数糟糕的同伴互评的一些主要弱点。这个方法适用于任何学科，甚至是那些传统上并不十分重视写作的学科。

在课堂上，我会让学生与两位不同的搭档三人组队，这样每位学生就都能获得不止一个观点。在研讨之前，我会让学生将自己的草稿

---

① 各个学科领域都有关于同伴互评课程的研究，请参阅 Julie E. Sharp et al., "Four Effective Writing Strategies for Engineering Classes," *Journal of Engineering Education* 88, no.1(1999):53 - 57; Christine von Renesse and Jennifer DiGrazia, "Mathematics, Writing, and Rhetoric: Deep Thinking in First-Year Learning Communities," *Journal of Humanistic Mathematics* 8, no.1(2018):24 - 63; and Sue Odom et al., "Group Peer Review as an Active Learning Strategy in a Research Course," *International Journal of Teaching and Learning in Higher Education* 21, no.1(2009):108 - 117.

② 例如，可参阅 Kristi Lundstrom and Wendy Baker, "To Give Is Better Than to Receive: The Benefits of Peer Review to the Reviewer's Own Writing," *Journal of Second Language Writing* 18, no.1(2009):30 - 43; Young Hoan Cho and Kwangsu Cho, "Peer Reviewers Learn from Giving Comments," *Instructional Science* 39, no.5(2011):629 - 643; and Kwangsu Cho and Charles MacArthur, "Learning by Reviewing," *Journal of Educational Psychology* 103, no.1(2011):73.

打印两份出来，每份草稿都要附上一页备注页。备注页——这个想法来自奥克兰大学的克里斯蒂娜·摩尔(Christina Moore)——包括两部分：一段背景介绍和一系列问题。[①] 在背景介绍中，学生要简要报告草稿的进展情况——他们目前已经做了什么，还没有做什么，有什么不满意的地方，等等。问题部分则是希望对方给出具体的反馈：我的段落是不是写得太长了？你觉得第三个例子足够有说服力吗？我需要写一个结论吗？

备注页的这两个部分都为读的人提供了指引，有助于确保学生得到的反馈是他们真正需要的反馈。

研讨当天，在将学生配对后，我会给他们至少 5 分钟的时间，让他们在阅读前进行交流。我要求他们讨论自己的草稿，说一说他们希望把草稿改成什么样。这样做可以强化备注页的积极作用，并突出同伴互评式研讨的一个关键要点：我们来这里是来互相帮助的。我尽我所能引导学生将这一过程看作是让他们为彼此做些什么——而不是为他们自己或为我做些什么。

接下来，我会给他们分发反馈表。要想确保学生不只是泛泛地互相称赞其他同学的文章，那么最好的方法就是安排他们写出反馈。因此，我会提供一张双面表格，上面有一系列关于草稿的问题，他们必须回答。琳达·B. 尼尔森(Linda B. Nilson)在 2003 年发表于《大学教学》的一篇文章中指出，我们要求同伴回答的问题，可能会妨碍他们提

---

① Christina Moore, "Frame Your Feedback: Making Peer Review Work in Class," Faculty Focus, June 6, 2016, https://www.facultyfocus.com/articles/teaching-and-learning/frame-feedback-making-peer-review-work-class.

供建设性反馈的能力。[①] 要求学生去判断自己同学的文章写得好还是不好，研究得充分还是不充分，得到的结果会太过友善：问学生关于自己同学文章质量的“是”或“否”的问题，大多数学生都会回答“是”。此外，你的学生可能并不是阅读方面的专家，你不能指望他们能对同伴的文章做出一致的或有帮助的评估。更好的做法是要求他们仔细阅读并描述自己的发现。要求他们思考你在他们的作业中想要看到的重要元素——复杂的论点、合理使用资料来源、对论点的支撑——并留意这些元素。例如，我会要求学生找到作者的论点，并用自己的话重述出来。原论述中的任何不清晰之处，通常都会在这个“翻译”中暴露出来。描述性的问题是让学生帮助自己的同学，而不是评判自己的同学。[②]

同样的，反馈表上最后会有几个问题鼓励学生给出建设性的批评意见，把重点放在帮助同伴完成接下来的修改工作上，而不是光评价人家已经完成的工作。因此，反馈表中会写上这样一些问题：草稿中尚未解决的最大问题是什么？你想在这篇文章中读到更多关于什么的内容？草稿最大的优点是什么？最关键的是，作者最应该做些什么来改进草稿？

这样做的目的还是要让学生们互相提出有用的建议，而不是强迫

---

① Linda B. Nilson, “Improving Student Peer Feedback,” *College Teaching* 51, no.1 (2003), 34 - 38.

② 约翰·C. 比恩(John C. Bean)在其《启发性的想法》(*Engaging Ideas*)一书中，以尼尔森的研究为基础，写了一节有关同伴互评的内容，写得很具有启发性。John C. Bean, *Engaging Ideas* (San Francisco: Jossey-Bass, 2011), 295 - 302.

他们扮演他们并不适合的评估者角色。这样做还有一个好处，那就是强调了修改文章的重要性。

最后，这样的研讨不应该是本科生相互讨论论文的唯一机会。一个成功的同伴互评过程，需要学生之间培养出一种学术友情——他们要把自己看作是同一个团队中的一员，而不要为了获得数量有限的高分而去相互竞争。鼓励友情有一种方法，那就是让学生在完成任务的过程中谈论自己的计划。如果课堂时间充裕，你可以在课堂上围绕选题、论文撰写、研究和修改等方面组织小型研讨。哪怕只是给学生 5 分钟的时间让他们结成搭档，讨论各自的作业进展，也会很有帮助。这么做可以为你的研讨安排奠定基础，有助于同伴互评真正发挥作用，也有助于让学生真正把自己视为他人的同伴。

同伴互评反馈表的一些提示和问题示例

仔细阅读两遍草稿。阅读时，请在文中你觉得不清楚、不理解或想询问作者的内容旁边打上问号。

画出你认为的论文论点。**用你自己的话来说**，本文的主要论点是什么？

找出每段话的主要观点或主题句，并在下面画线。每个段落是否都围绕一个主要观点展开？如果不是，是否有可以重组的段落？是哪些段落？如何重组？

作者是否使用了足够的论据来支撑论点？作者的某些论点，是否还需要通过更多的论据、不同的论据，或更有效地解释论据来进行论证？请给出解释。

这份作业是否没有满足某些作业要求？

这篇论文还有哪些问题(如果有的话)没有解决？论文是否缺少某些要素？作为读者，你还想读到更多关于什么的内容？

这篇文稿的最大优点是什么？

作者最应该做些什么来改进这篇论文？

当然，同行评审是科学家职业生涯的重要组成部分。无论是正式的同行评审，如期刊论文或资助申请的评审，还是非正式的同行评审，如决定某一见解或发现是否应被接受的科学辩论，如果没有这些同行评审，我们就无法创造科学知识。科学研究与每一种学术训练一样，是一种社会实践，在这种实践中，合作、争议、不确定性和社会规范占主导地位。

但是，正如克里斯蒂娜·坎宁安(Christine Cunningham)和珍妮弗·赫尔姆斯(Jenifer Helms)1998 年在《科学教学研究杂志》(*Journal of Research in Science Teaching*)上发表的一篇优秀论文中指出的那样，许多高中和大学的科学课程仍然把科学描绘成一种个人追求，在这种追求中，孤独的科学家脱离更广大的群体，独立地做实验并验证其结果。文中写道："与普遍的描述和认知相悖的是，科学研究既不是通过一种严格的科学方法来开展的，也不是用这种方法来统辖以生成无可争辩的事实的。相反，就像其他领域一样，科学研究中存在激烈的争论，个人和社会价值观在其中发挥着重要作用，而公认的方法论和知识也在不断变化着。”[①]

坎宁安和赫尔姆斯建议，大学科学课程的目标之一，应该是打破学生对于科学知识可以被直接发现和验证的假设。南希·特劳特曼(Nancy Trautmann)在2009年撰文提出了类似的观点，认为“学生不太可能仅仅通过自己做实验就能了解科学的本质。相反，需要明确关注研究和交流在科学知识构建过程中的作用”。[②] 有那么一种方法，可以让学生领略科学家们在几乎所有工作方面所面临的棘手问题和判断，那便是将同行评审引入课堂。

密歇根州立大学渔业和野生动物学教授刘建国(Jianguo Liu)将同行评审过程纳入了他的“系统建模与模拟”课程。刘教授强调了在科学工作中经常会出现同行评审的两个阶段：申请资助阶段和发表成果阶段。申请资助是在职科学家职业生涯中极为重要的工作，同行评审的目的是确定其能否申请成功。同样，学术期刊也依靠同行评审来决定是否发表某篇文章。

刘教授课程中的学生要在学期内完成一个计算机模拟模型，刘教授让他们在申请和“发表”阶段互相评阅对方的计划书和报告。学生必须先撰写一份研究计划书，然后再认真着手开发自己的模型。这份计划书将由教师(教师也会审阅评阅人的意见)和三名同班同学共同

① Christine M. Cunningham and Jenifer V. Helms, “Sociology of Science as a Means to a More Authentic, Inclusive Science Education,” *Journal of Research in Science Teaching* 35, no.5(1998):483-499.

② Nancy M. Trautmann, “Designing Peer Review for Pedagogical Success,” *Journal of College Science Teaching* 38, no.4(2009):16.

评阅。评阅人会找出计划书中的薄弱之处，并就如何改进研究计划提出建议。然后，学生根据评阅人的意见，修改计划书。当学生完成模型并撰写项目报告时，过程也是类似的。评阅学生计划书的三位同学，还会继续评阅该学生的报告，而教师则要检查并补充评阅人的报告。在申请和报告阶段，教师都会向评阅人详细说明如何给出有用的建设性反馈意见，并在说明中强调评阅人报告中的哪些意见是最重要的，哪些是可以忽略的。①

这一教学过程几乎一定会提升学生的学习效果。它将“修正”纳入学生的学习方法，并引导学生从元认知的角度思考自己的学习过程。让学生评阅自己同学的作业，这一过程能向学生传授关于科学工作的宝贵经验，让他们理解各种可能导致好结果和坏结果的因素。同时，这一过程也向学生介绍了科学家职业生涯中的一个重要部分，让他们体验到了属于一个学术共同体的感觉，以及在这个共同体中必须支持他人工作的感觉。南希·特劳特曼认为：“或许影响通过同伴互评获得学习收益的最重要的变量，是学生在整个过程中投入时间、精力和批判性思考的程度。”②学生不是孤立地做实验、建模型、写报告，然后交上作业以获得成绩，而是生动地了解科学的社会特性，了解科学知识是如何通过现实中人与人之间的复杂互动产生的。你要寻找将这种互动引入课堂的方法。

---

① Jianguo Liu, Dawn Thorndike Pysarchik, and William W. Taylor, “Peer Review in the Classroom,” *AIBS Bulletin* 52, no.9(2002):824 - 829.

② Trautmann, “Designing Peer Review,” 18.

学生作弊的原因，以及如何降低作弊的可能性

我所在的学校将作弊称为“学术失信”(“academic dishonesty”)，人们通常不认为在设计课程时需要考虑作弊问题。作弊通常被认为是一个纪律问题，是一种令人遗憾的违规行为，一旦出现就必须得到处理(越来越多由管理人员处理)。但是，任何事情都不是凭空发生的，我们应该思考学生为什么会作弊，以及如何去设计我们的课程使此类事件少之又少。

詹姆斯·朗的《作弊的教训》一书探讨了这一问题，他写到，作弊是“对一个不适合学生学习的环境的不恰当反应”。[①] 也就是说，学生只有在觉得作弊似乎能帮到他们的时候才会作弊。在一个设计良好的学习环境中，学生有学习的动力，他们的学习不是只为了获得某个特定成绩，这时学生就没有必要去作弊了。虽然我们必须努力遏制这种不恰当的反应——例如，以纪律处分相威胁——但我们也应该想方设法在我们的课程中营造合适的学习环境，以降低作弊的可能性。

我们都很熟悉各种打击学术失信行为的直接方法。挂科、纪律处分、诚信制度——教师和院校都在努力杜绝作弊行为，这是可以理解的。但是，威胁要严厉惩罚学生，或是要求学生保证他们不抄袭，似乎

① James M. Lang, *Cheating Lessons: Learning from Academic Dishonesty* (Cambridge, MA: Harvard University Press, 2013), 2.

都并没有杜绝这一现象。虽然不清楚作弊现象是否在增加——这是一个有争议的话题——但我相信没人会认为这些直接措施已经将作弊行为从我们的课堂上根除了。[①] 因此，我们应该去思考一些间接的方法，即一些预防作弊的策略。

朗在阅读了当前关于学术失信的研究后发现，当学生对课程材料投入较少时，他们作弊的可能性更大。当学生的学习动力是内在的（好奇心或真正想掌握这门课的愿望）而不是外在的（想拿高分或不想得低分）时，他们做出失信行为的倾向就会弱得多。这是有道理的：作弊并不能帮到那些真正想学习知识的学生。如果你已经读了本书中的相关内容，你就会明白这一点了：第二章概述了一些设计课堂的方法，用以激发学生的内在学习动力。特别是在学期之初，要把你的注意力集中在吸引学生融入课程，吸引他们接受你的学习目标上，这样一来你会发现作弊事件的发生率能大大降低。

另一种间接的方法来自桑德拉·贾米森（Sandra Jamieson）和丽贝卡·摩尔·霍华德（Rebecca Moore Howard），这两位英语系教师发起了“引用计划”，对学生在写作中使用引文的方式做了实证性研究。他们的研究分析了来自 16 所院校的 174 篇学生论文，对 1911 次引用进行了分类。研究结果令人震惊：只有 6%的引用是以概括大意的形式出现的；其余 94%的引用，要么是直接引用（42%），要么是不加引号

① 这篇论文深入探讨了评估学术作弊总体比例的复杂性：Guy J. Curtis and Lucia Vardanega, “Is Plagiarism Changing over Time? A 10-Year Time-Lag Study with Three Points of Measurement,” *Higher Education Research & Development* 35, no. 6(2016):1167 - 1179.

地复制段落(4%),要么是拼接式引用[①](16%),要么是改述原话(32%),这些做法都是在浅薄地使用二手资料。[②]

概括的比例很低,这说明,哪怕是那些没有抄袭的学生,也并没有完全理解他们所引用的材料中的观点。要想做出概括,学生必须通读全文(也许要读很多遍),深入思考其中最重要的方面,将文本要旨简明扼要地提炼出来。然而,学生们在太多时候都只是找到一本关于自己主题的书,或是一篇文章,快速找到其中一段话,复制粘贴,便草草了事了。贾米森和霍华德的研究进一步证实了这一点,他们发现46%的引文来自所引文献的第1页(70%来自前两页)。

在贾米森和霍华德看来,抄袭并不是学生不道德行为的产物;相反,学生抄袭的最常见的原因,是他们不够了解应该如何在写作中使用二手资料。我们应该更好地教会学生如何在自己的写作中正确引用他人的文字,以及如何区分好的文献资料和差的文献资料。更重要

---

① 贾米森和霍华德将拼接式引用定义为"一次不成功的改述"——即用一种与二手资料中表述接近(也许过于接近)的语言去复述其观点。这一定义来自对贾米森和霍华德的一次精彩访谈,他们在访谈中详述了自己的研究成果,并基于研究结果提出了行动建议。"Unraveling the Citation Trail," *Project Information Literacy Smart Talk*, no. 8, Sandra Jamieson and Rebecca Moore Howard, The Citation Project, August 15, 2011.

② Sandra Jamieson and Rebecca Moore Howard, "Sentence-Mining: Uncovering the Amount of Reading and Reading Comprehension in College Writers' Researched Writing," in *The New Digital Scholar: Exploring and Enriching the Research and Writing Practices of NextGen Students*, ed. Randall McClure and James P. Purdy (Medford, NJ: American Society for Information Science and Technology, 2013), 111-133.

的是，我们应该帮助学生去了解规范的研究有什么价值，让他们知道该如何批判性地阅读文献材料，以及理解最好的学术成果是如何建立在他人观点的基础之上的。丽贝卡·舒曼（Rebecca Schuman）在2018年发表于《高等教育纪事报》上的一篇文章中，详细介绍了她所说的“入门级参考文献”（“the baby bibliography”）：指的是一篇文档，其中注明了每条参考文献的论点、它对该领域的影响、一些有代表性的引文，以及作者对这篇文献的看法。① 针对如何在自己的研究中记录二手文献来源，概括这些材料的要旨，大多数学者都有一套自己的方法；哪怕只是简单展示一下你是如何使用文献材料的，都能为你的学生指明前进的方向。如果你能给学生提供必要的工具，让他们能够合理地引用文献资料——让他们知道从他人那里获得观点是可以的——那么抄袭事件就会鲜有发生了。我在第七章中写了更多关于教学生提升信息素养的方法。

如果你的作业要求学生去做研究，并要求他们将研究结果融入作业，那么请想想如何在课堂上教会学生负责任地做学术研究。在我的修辞学课堂上，我花了大量时间跟学生讨论，让学生练习引用、概括和标注释的技巧。但即便是那些没有太多时间教学生写作细节的课程，其实也可以解决其中的一些问题。可以试着布置一项不计分的家庭作业，让学生归纳概括一篇二手文献资料，可以是他们论文中要用到的文献资料，然后再在课堂上简要地讨论一下如何写出好的总结性文

---

① Rebecca Schuman, "Don't Spend Your Holiday Break Writing," *Chronicle of Higher Education*, December 12, 2018, https://www.chronicle.com/article/Don-t-Spend-Your-Holiday/245292.

字。或者在课堂上花几分钟时间，跟学生讨论一下你自己的研究过程。告诉他们你是如何查找信息、记录文献信息、确保恰当引用他人的原创观点的。让学生了解学术话语是如何运作的，这样才能让他们想要参与其中。无论你属于哪个学科，了解该如何参与他人的工作都是很重要的；我们不应假定我们的学生已经知道如何做好这件事。

将上一节课与下一节课衔接起来

很多时候，当我们设计课程时，我们会把一学期的课程想象成一整个长长的时段。我们试图详细地把每件事情规划好，这样一来，学生学到的技能和掌握的知识，就会有逻辑上的连续性。我们会将一个学期设想为一套前后统一的叙述，有开头、中间和结尾，我们希望学生能在结尾处发现故事的寓意。但是，我们在课上与学生一起度过的四五十个小时肯定不是连续的，而是被分成了许多个部分。如何将这些部分连接起来——如何让每堂课不显得孤立——这对让我们的课程发挥最大作用来说很重要。

学生的生活中会发生太多我们不知道的事——其他课程、工作、家庭、朋友——我们会很容易忘记，我们的课程并不是学生唯一需要操心的事。虽然我们应该尊重学生忙碌的生活，但我们还是可以采取一些措施，确保他们在离开课堂后不会完全忘记我们的课程。以下是一些把前后课时衔接起来的方法。

保持连续性的一个最简单的方法，就是令你的教学方式具有一定的规律性。如果每节课的流程安排是相近的，那么学生就会对这门课产生熟悉感，从而更容易在离开一段时间后再重新投入进来。在我上修辞学课程时，我会在每节课开始时都花 5～10 分钟进行写作练习。我会在黑板上写下一个写作提示，然后学生开始写作。上了几节课后，学生就习惯了这一模式，会在上课一开始就拿出笔记本。

有些教师会把课程结构重复得更全面一些。英国教师和作家戴维·迪道(David Didau)曾写过这样一种上课形式：教师先解释一个概念并说明其语境，再示范和解构如何运用这个概念，然后提供一个“脚手架”，让学生在教师的帮助下练习运用，最后让学生试着自己独立运用这个概念。[①] 我不想把课上得千篇一律，也不想被每节课的时长困住手脚，我喜欢让每节课遵循类似的模式。这样一来学生便能知道课上会发生些什么，因此就可以专心学习我们希望他们学习的东西。而且每节课都采用相同的结构，可以使整门课程更具有连续性。

另一个想法来自特拉华大学的教育学教授罗伯特·汉佩尔(Robert Hampel)。[②] 汉佩尔建议采用一个被广泛引用的教学技巧：在每节课结束时，要求学生以书面形式回答几个与当天讲授内容和(或)讨论内容有关的尖锐问题。这些问题可以是回顾性的(“英国现代主义最重要的特点是什么?”)，也可以是前瞻性的(“根据你现在对癌细胞起源的了解，你认为可以采取怎样的早期治疗方法?”)。但汉佩尔

① David Didau, “Great Teaching Happens in Cycles—the Teaching Sequence for Developing Independence,” *The Learning Spy* (blog), June 24, 2013, http://www.learningspy.co.uk/featured/great-teaching-happens-in-cycles.

② Robert L. Hampel, “The Final Three Minutes with 100 Undergraduates,” *College Teaching* 62, no. 2(2014), 77 - 78.

更进一步。他会向学生提出几个问题，而后把学生的回答收上来，在课后阅读。然后，他会在下一节课开始时把学生的这些回答概括出来，探讨它们有何启示，并用这些回答引发学生讨论，从而引出下一个话题。这一过程在各节课之间架起了一座自然的桥梁，在为下一节课打下基础的同时，也解决了上一节课遗留的问题。而且，这么做还能向学生表明，他们的观点会被认真对待，从而鼓励他们进一步参与课程。它还能让教师了解学生是否理解了材料，并迅速纠正他们的误解。这真是个好想法。

在课与课之间建立联结的另一种方法，是在课程中引入一些网络元素。讨论区、课程博客、协作编辑（wikis），以及其他人人都可以访问的网络资源，都可以让课堂内的对话在课外得到延续。在我的研究生写作课程中，我们会使用课程博客来记录所有学生的写作。每周，一些学生会根据写作提示写一篇简短的博客帖文，其他学生则根据自己的时间去阅读和评论。这样一来，哪怕已经下课了，对话也不会中断，课堂讨论也能很容易起头（“让我们来看看大家这周在博客里都写了些什么。”）。

大多数院校现在都在使用课程管理软件，这些软件能提供讨论区和协作编辑等功能。即便你不大热衷于新技术，也不妨探索一下它们，因为它们确实能帮助维持课程的连续性。如果你想让学生整周都想着你的课程，而不仅仅是在他们上课的时候，那么，给学生提供更多的互动机会是能有所帮助的。

最后，能利用好接访时间（office hours）的教师（和学生）还不够多，教师接访时间也是一个在课与课之间延续课堂对话的机会。

莉迪娅·埃克斯坦·杰克逊(Lydia Eckstein Jackson)和艾梅·克努普斯基(Aimee Knupsky)2015 年在《大学教学》期刊上撰文指出,研究表明,能利用好教师接访时间的学生,可以获得许多益处。① 这些益处包括:与教师建立更好的关系,教师们更愿意积极指导那些利用过接访时间的学生;获得学位的可能性更高,特别是对于那些来自弱势群体的学生而言;以及能培养一些对大学和职场至关重要的技能,如规划、长期思考和自我效能感。

此外,马里奥·格雷罗(Mario Guerrero)和阿莉莎·贝丝·罗德(Alisa Beth Rod)在 2013 年发表于《政治学教育杂志》(*Journal of Political Science Education*)上的一篇文章中指出,学生在一学期中利用教师接访时间的次数,与其课程的学业成绩呈正相关。② 即使在控制了平均绩点、家庭收入和性别等变量之后,格雷罗和罗德仍然发现,学生每一次利用接访时间,都会增加学生获得更高成绩的可能性。这项研究对 406 名本科生进行了为期 4 年的跟踪调查,结果表明,那些从未利用过教师接访时间的学生,预计期末成绩为 82 分(百分制),也就是说属于 B-。相比之下,那些在一学期内利用教师接访时间超过 5 次的学生,平均成绩为 A。

或许利用接访时间确实会影响成绩,也或许成绩好的学生就是会

① Lydia Eckstein Jackson and Aimee Knupsky, "'Weaning off of Email': Encouraging Students to Use Office Hours over Email to Contact Professors," *College Teaching* 63, no.4(2015):183-184.

② Mario Guerrero and Alisa Beth Rod, "Engaging in Office Hours: A Study of Student-Faculty Interaction and Academic Performance," *Journal of Political Science Education* 9, no.4(2013):403-416.

比其他学生更勤恳(教师有可能会不知不觉就给勤恳的学生打了更高的分数)。对我来说,这种区别其实并不重要。重要的是,与学生一对一的会面能让我成为一名更好的教师——更有效地接触学生,无论这些会面是否会给学生带来更高的成绩。在私下见面时,学生可能会更乐意提出那些他们不愿在课堂上提出的问题。你可以花时间给困惑的学生解释概念,或者鼓励懒散的学生对课业更加用心。最重要的是,我认为学生们可以感觉到有一个处于权威地位的人在真正关心他们的学业进展。

那么,我们该如何鼓励学生利用接访时间呢?

你可以做一个重要而又简单的改变,那就是将你的接访时间安排在不同的时间段。在周二和周四的课间去办公室,对你来说可能很方便,但在这些时间段有课的学生就没办法了。因此,尽量给学生多一些选择。

经常在课堂上提及你的接访时间(和地点),并让学生知道,如果有必要,你也愿意在接访时间之外安排见面。很多学生以为,我们只有在特定的教师接访时间内才有空跟他们见面。你要确保他们知道情况并非如此。你还可以告诉学生,研究表明,利用接访时间能提高成绩。谈论接访时间的无形好处可能无法打动学生,A 等成绩的诱惑可能更管用。

不过,让学生利用接访时间的最好办法,当然是要求他们这么做。我知道有些老师在给学生的课程参与情况打分时,会将最低数量的接访时间咨询次数纳入评分范围。正如我在第五章中所说的那样,我会要求学生来我办公室一对一地讨论他们的草稿,这么做取得了很大成功。反正无论如何你都得在教师接访时间内空出时间来,何不利用这段时间来提高你的教学水平呢?

第四章

给教室里的学生上课

我们很容易忘记——在查找阅读材料、布置作业、规划教学安排、了解最新研究成果的时候——我们的教学对象是学生，不能仅仅给他们传授科目内容。如果不对选课的学生因材施教，那么我们所有的课程准备工作都会付诸东流。假如我们要根据教学效果，来评判我们的教学水平——我们能在多大程度上帮助学生成长——那么教室里的学生就是至关重要的因素。

金伯利·坦纳在2013年发表于《CBE：生命科学教育》期刊上的一篇文章中写道，教师在设计大学生物学课程时，必须认识到"学习是学生的工作"。她认为，学生能否在我们的课程中学到知识，既与我们的教学内容和教学方式有关，又与学生是什么样的人有关。她在总结大量研究后写道："每一个学生从前的经历、对所学内容的态度和学习动机、对自己学习能力的信心，以及学习环境中的相对参与度，都会对该学生学习新思想（无论是否是生物学领域的）产生重要影响。最后，当不同的学生个体聚集在教室里时，便会形成群体性的互动，这些互动对一些学生的学习来说可能是有利的，对另一些学生的学习来说可能是不利的。”①我们教的每个学生都有自己的独特性。学生的独特性——他们知道些什么，他们对我们的课程有什么看法，他们能做什么，不能做什么，他们之间如何交流互动——对于我们的教学来说很重要。有鉴于此，大学教师的传统做法——在上课第一天就给学生分发教学大纲，并告诉学生课要怎么上——便显得漠然甚至荒谬了。我们都还不知道学生是谁，怎么能计划好一门课程呢？

我并不是在暗示应该放弃提前规划课程，等到见到学生后再制订学期计划。在了解学生之前，我们可以做很多事情。这本书的存在本身就表明，在我看来，即便学生不在场，我们也可以对自己的教学进行很多富有成效的思考。但最优秀的教师会回应学生的需求，他们会在教学过程中始终关注学生的学业进展，并随时调整计划。他们能确保自己教的是眼前的学生，而不是自己在暑假期间幻想出来的学生。最重要的是，他们具有**灵活性**，能根据实际情况需要改变计划。你的学生就是实际情况，你的教学方式必须为学生留出变通的空间。

以无障碍环境为中心

我之所以认为灵活性对于教学来说至关重要，原因之一是我与残障研究领域的学者进行过交流。这些学者对教学法的思考是极其敏锐的，他们关注的是那些我们的教育机构往往并非为其量身打造的学

① Kimberly D. Tanner, “Structure Matters: Twenty-One Teaching Strategies to Promote Student Engagement and Cultivate Classroom Equity,” *CBE — Life Sciences Education* 12, no.3(2013):322.

生的教育经历。[①] 只有认真考虑每个学生的经历，尤其是那些经常被忽视的学生的经历，才能形成真正能回应学生的教学法。

许多教师只会在教学大纲末尾简要提及一下无障碍教学——他们会写一段话来说明残障学生可以采取哪些措施来获得通融。这些措施在很大程度上被视为规范之外的例外，以附录形式附在教学大纲末尾，好像在说："哦对了，如果你有身体障碍，我们也许可以努力找到某种解决方案。"

在我所在的学校，学生要想得到这类通融措施，就需要自己去争取，我想大多数学校都是如此。在爱荷华大学，一名残障学生需要与学生残障服务部门碰面，该部门会跟学生一起想办法，确定有什么样的特殊保障可以帮助这名学生完成课程学习。因此，对于教师来说，解决残障学生的需求，就是等着他们自己主动提出来，再相应地做出教学调整。

我曾与一位研究生助教短暂合作过，那时她很担心班上的一名学生。那名学生当时学习很吃力，到期中时已有挂科的预兆。这位研究生助教怀疑学生有自闭症，但学生并没有向她透露过这一点。助教不知道该怎么办——她说，如果学生没有提出正式的助学申请，那她帮助这个学生就是违规的，而学生如果不透露自己的身心障碍情况，也就不可能提出正式的助学申请。由于该学生没有主动正式提出需要特殊保障，这位助教感到束手无策。

---

① 具体来说，我想到了杰伊·多尔梅奇(Jay Dolmage)、安妮-玛丽·沃马克(Anne-Marie Womack)、戴维·M. 佩里(David M. Perry)和凯蒂·罗斯·格斯特·普赖尔(Katie Rose Guest Pryal)。当然，还有很多其他人。

不言而喻，帮助我们的学生绝不会是件违规的事。我向助教解释说，虽然她可能无法在学生不正式透露自身需求的情况下为其提供特殊安排——比如，她可能无法大大改变评估这名学生的方式——但这并不表示她不应该尝试帮助一名明显学习很吃力的学生。作为教师，我们无权诊断学生，也不能决定学校在给学生提供特殊保障方面是怎么规定的。但我们必须教好教室里的学生。我们不能假定我们的标准做法对教室里的每一名学生来说都是理想的。杜兰大学的写作系主任安妮-玛丽·沃马克帮我更清楚地认识到了这些问题。

沃马克在2017年发表于《大学写作与传播》(*College Composition and Communication*)的一篇文章中指出："通融是最基本的教学行为和教学艺术。它不是我们有时不顾学习而做出的例外举动，而是我们为促进学习而不断做出的调整行为。"①

尽管我们必须不断做出调整，以便教好教室里的学生，但将通融视为一种事后的例外举动，会掩盖通融是教学理念的核心这一事实。沃马克写到，想一想记笔记吧。我们认为学生在课堂上记笔记是学习过程中的一个正常环节，但实际上这是一种通融行为，它能让学生处理和记住更多的信息。在讲课过程中使用PPT演示文稿，也是一种让学生更好地记住我们所讲内容的通融行为。在学期快结束时提供复习指导也是如此。我们的整个高等教育体系旨在让学生更轻松地学习复杂的材料。我们不是只把一大堆书丢给学生，让他们自己去

---

① Anne-Marie Womack, "Teaching Is Accommodation: Universally Designing Composition Classrooms and Syllabi," *College Composition and Communication* 68, no.3(2017):494.

学习。

因此，将通融视为例外而非平常的做事方式，这是错误的。通融就是我们平常的工作方式。但我们并不总是通融每一名学生。

我们所认为的平常做法与通融举动之间的界限很微妙，而且往往没什么实质性的划分依据。无论我们的学生能力如何，我们都需要努力——在合理的范围内——扫除阻碍他们充分参与课程的障碍。我们需要努力确保，在成功的机会面前，学生是人人平等的。无论我们的学生是否有身心障碍问题，都该如此。

当然，我们会有一些学生是残障人士，我们需要在制订学期计划时，就提前考虑他们的需求。马后炮式地营造无障碍环境，会让残障学生觉得自己不受欢迎，更糟糕的是，还会给他们的学习制造更多障碍。最好能为多样化的学生群体制订计划——确保无障碍设计贯穿于你的教学实践中——而不是先假定你的所有学生都是“健康的”学生，再在日后惊讶地发现情况并非如此。

哪怕你的班上没有残障学生，提前考虑无障碍环境也会对你的教学大有裨益。为了适应有不同需求的学生，我们需要具有灵活性，这就要求我们批判性地思考我们的教学重点。就沃马克而言，她的“通融工作始于一名学生要求延长小测验的时间；于是她反思了自己在课上是否有必要在时间要求上如此严格，于是后来给所有学生都延长了时间。”[①]我们每个人都应该追求这种顿悟。我经常请与我共事的研究生助教列出他们制订的所有课堂规定。然后，我会请他们认真思考，

---

① Womack, 498.

想要学生实现学习目标，哪些规定是绝对必要的。保留那些对学生学习来说不可或缺的规定；如果某条规定并没有必要，为什么要保留呢？

了解“通用学习设计”(Universal Design for Learning)——“通用设计”(Universal Design)在教育领域的应用——有助于让你的课堂能适合所有学生。通用设计旨在通过创造各种物理空间和其他空间，来满足人们多样性的需求，从而可以应对残障情况。滑铁卢大学的教授杰伊·多尔梅奇在《残障研究季刊》(*Disability Studies Quarterly*)上撰写了一篇关于通用学习设计的精彩介绍，文章链接到了一个不断更新的维基站点，上面写了如果你想让你的课堂更加灵活通融，可以从何入手。[①]

你不需要竭尽全力去满足每一个可能的学生，或每一个可能的需求。[②] 但是，提前考虑这些可能性，可以帮助你设计出一个更有可能适合更多学生的课程。你越能根据不同学生的能力和需求来设计课程，有特殊需求的学生就越不需要主动要求特殊安排。

我们还可以通过想象教室里会有哪些不同类型的学生，来制定多样化计划。如果你有一名学生是聋人，那么你打算如何改变教学方法？也许你会更多地使用纸笔或 PPT 演示文稿来进行课堂交流。但问题是，能从这样的改变中受益的不仅仅是聋人学生，还有其他学生。

---

① Jay Dolmage, “Universal Design: Places to Start,” *Disability Studies Quarterly* 35, no.2(2015):4.

② 我认识到，许多工作都需要花费时间来落实，而超负荷工作的教师可能会觉得自己没有时间。我们的大多数院校还做不到给那些全心全意帮助每个学生获得所需资源的教师提供支持。

高度焦虑的学生，或者只是健忘的学生，都可以从纸质的课堂通知或学习管理系统中受益。

如果像我常常遇到的那样，你的班级中有英语水平很差的学生怎么办？或者学生打了两份工，没有时间做功课怎么办？如果有些学生对美国文化知之甚少，那你要改变你的作业要求吗？如果一名学生买不起教材或电脑，你要怎么办？你是否一直假设你的学生都是 19 岁？如果你有一些非传统的学生怎么办？思考这些假设，可以促使你把课上得更清晰易懂，无论你的学生是否会提出需要正式的特殊安排。我要重申一遍，我并不是建议你为每一种可能存在的情况做准备，只是说，思考这些可能性能有助于你设计出多样化的课堂。

正如沃马克和路易斯安那州立大学的里克·戈登(Rick Godden)在 2016 年的一篇文章中所写的："将学生视为一个内部无差别的群体，会导致你制订出严格的规则和单一的解决方案。"[1]换句话说，如果你采用严格的规则和单一的解决方案，那么你就是在假定你的学生是一个内部无差别的群体。学生并不是一个内部无差别的群体。如果你能为多样性做好准备，那么你就不会惊讶于学生的具有个体性了。

"你现在在哪里？"了解学生的知识水平

20 世纪 70 年代初，当时罗莎琳德·德赖弗(Rosalind Driver)还是

---

① Rick Godden and Anne-Marie Womack, "Making Disability Part of the Conversation: Combatting Inaccessible Spaces and Logics," *Hybrid Pedagogy*, May 12, 2016.

伊利诺伊大学的一名教育学专业研究生，她提出了一个独特的想法。她认为，要想了解学生是如何学习重要的科学概念的，我们首先需要掌握他们在入学前是如何看待世界的。学生在学习第一堂科学课时，并不是一张白纸，对自然世界或物体在空间中的运动方式毫无感知。德赖弗指出，在与学生交谈后，人们往往会发现，学生对科学现象已经有了相当成熟的(尽管通常是不正确的)看法。通过耐心地采访学生，了解他们是如何看待世界的，德赖弗得到了第一份详尽的资料，这份资料不仅说明了学生往往会在哪些地方出"错"，还说明了他们是如何出错的。[①] 德赖弗在科学教育研究方面开辟出了新的领域，为大量探索学生如何理解重要概念的研究奠定了基础。

德赖弗有一个重要且不同凡响的观点，那就是学习有赖于我们的先入之见。我们是通过修正对事物的理解来学习的。1983 年，德赖弗思考后说："如果有一位访客打电话给你，说他在去你家的路上迷路了，你的第一反应会是问他：'你现在在哪里？'如果不知道访客要从哪里出发，你就无法给出合理的指示。"[②]而后德赖弗指出，只有先了解了学生的知识水平，我们才能开始教他们。

---

① 对德赖弗及其著作的相关介绍，见 Rosalind Driver, "Students' Conceptions and the Learning of Science," *International Journal of Science Education* 11, no. 5(1989): 481 - 490; Rosalind Driver, ed., *Children's Ideas in Science* (Milton Keynes, UK: Open University Press, 1985); and Kimberly D. Tanner, "Approaches to Biology Teaching and Learning: Understanding the Wrong Answers — Teaching Toward Conceptual Change," *CBE — Life Sciences Education* 4, no. 2(2005): 112 - 117.

② Rosalind Driver, *The Pupil as Scientist?* (Milton Keynes, UK: Open University Press, 1983), 3.

当然，提倡因材施教是件好事；但我们究竟该如何了解学生的需求？我们该如何了解他们知道什么，不知道什么？随着班级规模的扩大，掌握学生对某个话题的了解情况变得越来越困难。在一个有200名学生的大教室里，一开课就问："你们都知道哪些关于前工业化时期的美国的知识?"这么做可能并不是最有效的策略。课程时长也是个问题。大多数教师在一学期内要讲很多内容，时间不够。他们可能会觉得无法再额外花时间，去跟学生非正式地交流学生的已有知识和当前的理解情况。

那么，我们该如何了解学生的先入之见，同时还能为其他教学重点留出时间呢？

要了解学生的知识水平（以及学生以为的自己的知识水平），最简单的方法之一就是进行问卷调查。调查问卷可长可短，可以是关于课程内容的，也可以是关于课程方法的；可以在课堂上填写，也可以由学生带回家填写；可以是纸质的，也可以是在线的。你可以询问学生之前是否了解你要讲的主题，他们如何评价自己在学习方面的优缺点，以及他们对这门课有何期望。詹姆斯·朗建议制作一份"学生信息表"，让学生在上面写几段话，回答两三个问题，说明一下他们目前是如何理解这门课中的各个关键观点的。① 如果你想使用更复杂的、问题更多的调查问卷，那我建议使用谷歌表单（Google Forms），或其他在线工具，来整理和解释学生的回答。

还有一种低风险的作业与调查问卷类似，但可能更适合被用在以

---

① James M. Lang, *On Course: A Week-by-Week Guide to Your First Semester of College Teaching* (Cambridge, MA: Harvard University Press, 2008), 31 - 35.

写作为中心的课程中，用来诊断学生的写作情况。你几乎可以让学生在这项非正式的作业里写任何内容：你可以要求学生写下自己跟这门课有关的个人经历，或是围绕一篇生动、简短的阅读材料写读后感，或是写下他们对你所在领域的一个热点问题的看法。阅读这些文字让我第一次真正了解了这些学生。作为一名修辞学教师，对我来说，迅速了解学生的写作能力和写作水平，以及我的教学应该达到什么样的水准，是非常重要的。但是，无论你属于哪个专业领域，在开课时了解学生的理解水平都是非常有价值的。我在第二章中讨论的“写目标”作业，就非常适合做这样的事情。这项作业可以至少一箭双雕：对学生来说，他们可以培养元认知思维模式，这会对他们整个学期的学习有帮助，对我来说，我也可以尽早了解他们的写作水平，知道他们可能还需要在哪些方面多下功夫。

随着学期的推进，你还可以继续征求学生的反馈意见，但不必花费大量时间去做全面的调查。许多教师都成功使用了“一分钟反馈表”(“one-minute paper”)。“一分钟反馈表”是托马斯·A. 安杰洛和K. 帕特里夏·克罗斯 1993 年出版的著作中比较流行的“课堂评估技巧”之一。[①] 你只需要提前几分钟停下讲课，问学生两个基本但重要的问题：“你在这堂课上学到的最重要的东西是什么?”和“还有哪些重要问题仍未得到解答?”学生在剩下的一两分钟内写下他们的回答，然后在离开教室时交给你。你会拿到一摞简短的回答，帮助你上后面一节

---

① Thomas A. Angelo and K. Patricia Cross, *Classroom Assessment Techniques* (San Francisco: Jossey-Bass, 1993).

课。在临下课时让学生评估课堂，也能让学生更好地理解你的教学。

还有一种类似的了解学生知识水平的方法，它在技术上更先进一些，那就是使用电子答题器——课堂反馈系统。德里克·布拉夫写了一本关于这个主题的权威书籍，他将其定义为“帮助教师在课堂上快速收集和分析学生对所提问题的回答的教学技术”。① 无论你是分发实体电子装置（许多学校都提供这种“答题器”供教师或学生借用），还是像现在更常见的那样，让学生在手机上使用在线服务，课堂反馈系统都是一种简单到令人惊讶的调查方式。我有一点教学技术恐惧症，但我发现在 polleverywhere. com 网站上设置问题既简单又快捷。在每节课下课前，就课程的重要内容设置几个选择题，让学生匿名回答，这么做可以让你轻松了解班上学生对你所教知识的理解情况。

如果“一分钟反馈表”或线上答题占用的课堂时间过长，超过了你能接受的范围，那么为什么不利用课后时间呢？不妨试着将家庭作业视作形成性的评估，而不是严格的总结性评估。这意味着你在布置作业时，要让学生的回答能帮助你更新教学方法，能帮助学生更好地了解自己的学习进展。例如，可以借鉴“即时教学”（Just-in-Time Teaching）的技巧，它是 20 世纪 90 年代末许多物理系教师开发出来的教学方法。② 与其在课堂上收集学生的作业，不如让他们至少在上课前几个小时就将作业上传到课程管理系统。这样一来，你就可以查看

---

① Derek Bruff, *Teaching with Classroom Response Systems: Creating Active Learning Environments* (San Francisco: Jossey-Bass, 2009), 1.

② 若要进一步了解该方法，请参阅“Just-in-Time Teaching,” Indiana University, accessed June 11, 2018, https://jittdl. physics. iupui. edu/jitt.

他们的回答,并在当天的课堂上相应地改变教学方法,为学生提供几乎即时的教学反馈。

几年前,我开始在一门文学课程中采取这种即时反馈的做法。我让学生每周围绕他们所读材料交一份读后思考。每周的交稿时间是上课前一天。学生在提交自己的作业后,也可以看到其他同学的作业,这让他们能在那周上课前了解别人是如何理解阅读材料的。这也让我在上课前就能很好地掌握学生理解了什么,没有理解什么,并能让我在课上以他们写的东西为例,来帮助阐明重要的观点。在修辞学课上,我也会做类似的事情,在课前看一下学生的回答对我上课帮助很大——有时能让我很清楚我需要关注些什么。

这些策略都能帮助你更好地了解学生学了什么,怎么学的,使你的教学效果更好。这些策略还能让学生主动评估自己的学习情况,了解自己的学习进展,知道自己还有多远的路要走。

当然,学生在一学期内完成的课程作业,也可以帮助你调整你的教学方法。让我感到困惑的是,很少有教师会利用学生每学期交给他们的大量作业。2012 年,约瑟夫・哈里斯(Joseph Harris)、约翰・迈尔斯(John Miles)和查尔斯・佩因(Charles Paine)编辑出版了一本论文集《用学生文本教学:知情实践论文集》(*Teaching with Student Texts: Essays toward an Informed Practice*),这本论文集对我思考这个话题很有帮助。由于论文集里的大多数撰稿人都在教写作课——写作课有着长期使用写作工作坊模式的传统——许多文章都讨论了如何在教学中使用班上学生所写的论文。例如,约瑟夫・哈里斯会从学生的论文中摘录出一些文字做范例,向学生展示解决同一写作问题的不同方法。哈里斯写道:“如果我摘录得当,那么这些文字所展示出来的就不是对某个问题的单一、正确的解决方案,而是在面对该问题时的许多种反应。”①这样的过程颠覆了写作工作坊的传统:不再是全班学生向班上的一位写作者提供阅读反馈,而是用班上几位写作者的文本给全班学生做范例。不难想象,其他学科的教师也可以进行类似的示范——比如说,在解决某个物理问题时,通过展示一些不正确的做法,向学生阐明他们应该避免哪些潜在的错误。

使用学生的作业范例——尤其是当堂课上的作业范例——可以确保你的教学能满足学生们的实际需求,而不是你头脑中想象出来的学生需求。玛格丽特·马歇尔(Margaret Marshall)也有文章被收录在上面提到的论文集中,她在文章中写到自己在研究生教学法研讨课中便使用了学生的论文:“正是这种洞察规律的能力,令教师将学生的文章视为主要的教学文本,而不是需要改进的次品……在教学时,我们可以通过学生的文章评估学生的学习情况,并据此调整我们的后续教学。”②我现在会在批阅论文时,把我遇到的常见问题记录下来,小到标点符号的问题,大到误解概念的问题。在发还论文的当天,我喜欢与全班学生一起回顾我在阅读他们的论文时发现的一些问题。学生

---

① Joseph Harris, "Workshop and Seminar," in *Teaching with Student Texts: Essays toward an Informed Practice*, ed. Joseph Harris, John D. Miles, and Charles Paine (Logan, UT: Utah State University Press, 2010), 148.

② Margaret Marshall, "Writing to Learn, Reading to Teach: Student Texts in the Pedagogy Seminar," in Harris, Miles, and Paine, *Teaching with Student Texts*, 176.

的文章——或其他类型的学生作业——可以是我们用来帮助学生进步的宝贵资料。这种策略几乎可以应用于任何学科，而不仅仅是写作密集型课程。

当我摘录使用学生的作业时，我会删掉所有作业中的姓名，以及任何可识别出学生身份的细节，不过，如果想要在课堂上使用学生的作业，最好还是提前给相关学生发邮件，征得他们的同意。有些老师会事先征得学生的同意，以便将来在课堂上使用他们的作业。做到这一点，你就可以创建一个充满教学灵感的资料库了。

鼓励性的共同体

因材施教不仅仅是要教师了解学生，针对学生的弱点开展教学；教师也可以适时地退后，让学生自己形成相互支持、相互帮助的共同体。许多新手教师需要学习的重要一课，就是要明白何时该退后，好让学生向你和向他的同班同学展示自己。

我至今还对我任教第一个学期的一件事记忆犹新，那就是当时我产生了一种没有安全网保护我的可怕感觉。如果我把要讲的东西都讲完了——如果我把准备的教案讲完了——那就什么都没有了：一片寂静。维持课堂的所有责任都落在我一个人身上。我总觉得自己就像威利狼（Wile E. Coyote）①，永远不知道什么时候一低头，就发现自

① 威利狼（Wile E. Coyote）是华纳兄弟喜剧卡通系列《乐一通》（*Looney Tunes*）里的一个角色，有时会在追逐另一主要角色时掉下悬崖。——译注

己正要掉下悬崖。这种感觉——你作为教师要控制课堂上的一切，而灾难就在眼前——真是一种可怕的感受。我们真的不应该有这种感受。

随着课堂教学经验不断丰富，我逐渐认识到，我教得最好的课程——学生学习效果最好的课程——是那些学生在课上建立了相互之间真正联系的课程。在那些课上，学生们相互了解，相互信任，看上去真的很喜欢花时间待在一起。在上那样的课时，我会不得不在开始上课时让学生安静下来，因为他们都忙着互相交谈。学生形成了共同体，而这种共同体的优势已得到了研究的证实。

在第一章中，我讨论了波莉·法辛格对课堂上的学生社会学的研究——她发现，学生对课堂氛围的看法最能够影响学生是否愿意参与课堂。但是，学生群体的性质所能影响的不是只有课堂参与度。罗伯特·J. 西德林格（Robert J. Sidelinger）和梅拉妮·布思-巴特菲尔德（Melanie Booth-Butterfield）对中大西洋地区一所大学的 400 多名学生进行了研究，结果发现，当学生能“感受到与同伴的联系”时，他们更有可能去为课堂做好充分准备。① 2009 年，阿里·谢尔（Ali Sher）调研了华盛顿哥伦比亚特区一所私立大学在线课程的 30 个不同小班，他发现，学生与学生之间的互动状态——他们在多大程度上能感受到同

① Robert J. Sidelinger and Melanie Booth-Butterfield, "Co-constructing Student Involvement: An Examination of Teacher Confirmation and Student-to-Student Connectedness in the College Classroom," *Communication Education* 59, no. 2 (2010): 179.

学之间形成了共同体——会深刻影响学生的学习效果。[①] 同样的，格洛丽亚·J. 加拉内斯（Gloria J. Galanes）和希瑟·J. 卡马克（Heather J. Carmack）采访了中西部一所大型高校的学生，了解学生们对课堂氛围的看法，结果发现，积极的学习环境——在这样的环境中，其他同学能提供积极的学习行为做榜样，学生之间能相互支持——“对学生的学习有重大影响”。[②]

那么，我们可以做些什么来帮助我们的学生形成有支持力的、有凝聚力的共同体呢？以下是我的一些策略。

首先，鼓励学生相互分享自己的学习目标。这是一个能尊重甚至培养学生差异性的好方法。向学生强调一下，虽然你作为教师有自己的目标，但他们的目标也同样重要。如果你打算在学期之初制作一份调查问卷，来了解学生们都有哪些目标和先入之见，那么为什么不让他们把自己的回答也分享给彼此知道呢？

他们或许并没有现成的答案。那就让他们每两人一组去讨论这些问题，相互分享他们的思考，然后在整个学期中，随着各自目标的变化，不断继续讨论这些问题。让他们互相倾听，了解各自不同的学习动机，并将课堂搭建成一个允许学生共同追逐不同目标的多元化场

① Ali Sher, “Assessing the Relationship of Student-Instructor and Student-Student Interaction to Student Learning and Satisfaction in Web-Based Online Learning Environment,” *Journal of Interactive Online Learning* 8, no. 2(2009): 102 - 120.

② Gloria J. Galanes and Heather J. Carmack, “‘He’s Really Setting an Example’: Student Contributions to the Learning Environment,” *Communication Studies* 64, no. 1(2013): 61.

所。通过让学生反思自己的目标并分享那些目标，你可以引导学生将参与课程视作一件既是个人的又是共同体的事情。

另一个能帮助形成凝聚力的方法，是在课堂上花些时间去开展非学术性的对话。显然，学生除了对我们的课程材料感兴趣外，也对其他事情感兴趣。给他们一个在课堂上做自己的机会。我的同事本杰明·哈斯曼(Benjamin Hassman)每节课开始时都会进行“轮流问答”(“question roll”)。[①] 他会提出一个问题——通常是一些显然与当天课程主题无关的问题——然后他的学生轮流回答。问题包括“你最喜欢的英语单词是什么?”“你最接近死亡的一次经历是什么?”现在我在每节课开始时也会这么做;有一次我忘了这件事(那天很忙!)，学生们大为不满，觉得我忽略了一个十分重要的仪式。

关键是要让学生感受到，你的课堂是一个允许——甚至鼓励——他们做自己的地方。你要让他们将你的课程融入生活、融入自我意识。大学课程不需要与学生的其他活动隔绝开来。要想方设法让学生知道，“你的”课程就是他们的课程，是他们生活中有意义的一部分。

你还可以创造条件，让学生在课程中相互依靠，以取得成功。史蒂夫·菲什曼(Steve Fishman)和露西尔·麦卡锡(Lucille McCarthy)在1995年发表在《大学英语》(*College English*)上的一篇文章中描述

---

① Benjamin Hassman, "Question Roll 1: Building Community," *Filling the Chalkboard* (blog), June 16, 2014, https://fillingthechalkboard.wordpress.com/2014/06/16/question-roll-1-building-community; and Benjamin Hassman, "Question Roll 2: Integrating Pedagogy," *Filling the Chalkboard* (blog), July 11, 2014, https://fillingthechalkboard.wordpress.com/2014/06/16/question-roll-1-building-community.

了一门哲学课，在这门课上，每一节课都有一名学生要做课堂记录——叙述当天都发生了哪些事。① 上下一次课时，做记录的学生要把自己记下的事情大声读出来，提醒大家上一节课发生了什么，然后再选出另一名同学做下一个做记录的人。这门课的学生很快就明白他们属于同一个共同体，如果他们能相互依靠，他们会受益匪浅。

你可以将小组作业设计成鼓励学生相互依靠的形式。我在第五章中详细介绍了"两阶段考试"，学生既要自己单独参加考试，又要以小组为单位参加考试，这样的安排令学生只有通过倾听和合作才能取得好成绩。拼图小组(Jigsaw groups)要求学生在个人贡献的基础上，通过合作来充分理解一个主题。② 要想一想如何能让你的课堂少一些竞争，多一些合作。

最后，你可以通过自己的行动建立起共同体。要去了解你的学生，他们来自哪里，他们擅长什么，然后在他们的专业知识可能对整个班级有帮助时，寻求他们的帮助。要让学生知道，他们是共同体的必要组成部分，他们的存在很重要，其他人需要他们慷慨分享知识。

---

① Stephen M. Fishman and Lucille Parkinson McCarthy, "Community in the Expressivist Classroom: Juggling Liberal and Communitarian Visions," *College English* 57, no.1(1995):62 - 81.

② 有关拼图小组——小组内的各个学生被安排去完成不同任务，然后各个小组混合到一起，让学生相互学习——的更多信息，请参见 Raymond Benton Jr., "Put Students in Charge: A Variation on the Jigsaw Discussion," *College Teaching* 64, no. 1 (2016): 40 - 45; Kimberly Tanner, Liesl S. Chatman, and Deborah Allen, "Approaches to Cell Biology Teaching: Cooperative Learning in the Science Classroom — Beyond Students Working in Groups," *Cell Biology Education* 2, no. 1(2003):1 - 5.

也可以在学期之初多关注一些低风险的合作活动，这些活动可以让学生建立起能帮助他们改善学业表现的人际关系。给学生一些时间和空间，让他们在一个社交群体中找到自己的立足点，哪怕他们的进展没那么快。要关注学生的课堂体验——不仅是他们与你的关系，还有他们彼此之间的关系。你可能在大多数时候都无法掌控学习小组的学习动态，但你的方法和态度，可以在很大程度上为学生在课堂上发展良好的人际关系创造条件。当学生能够相互了解、相互信任时，他们就更有可能充分参与课堂活动，以及更充分地融入整个课程中。

富有同情心地去教学

如果你花点时间听一听其他老师的说法（尤其是网上的怨言，它简直是一门艺术），那么你很快就会听说，在学期的最后两个月，当期末大作业要交、期末考试开始临近的时候，许多学生的祖父母就会开始去世。学生会想尽一切办法占我们的便宜，来势汹汹，而我们唯一的防御方式就是严守规定：很遗憾，孩子，教学大纲明确规定“不得延期”。

当你读了一些对所谓的放任型教师的批评时，这种态度似乎就更加可取了。心理学家道格拉斯·伯恩斯坦（Douglas Bernstein）写道，放任型教师“害怕做任何可能给学生造成压力、抑制他们的个人成长或伤害他们自尊的事情”。他们溺爱学生，小心翼翼地避免过于严厉，生怕打击了学生的积极性。更糟糕的是，这些教师“渴望帮助学生取得成功，哪怕这意味着降低成功的标准”。[①]

这种批评基于对父母教养方式的研究，将该研究应用在了课堂教学中。这些教养方式——研究建立在戴安娜·鲍姆林德（Diana Baumrind）的工作基础上——通常要考虑两个参数：父母的参与程度，和父母对子女的要求是怎样的。[②] 于是有了“专制型”父母和“忽视型”父母，前者不太参与孩子的生活，却像教官一样严厉执行规则；后者则既不参与，也不管规则。不言而喻，这两种教养方式都不是很好。还有一种父母是“权威型”父母——显然是理想的父母，既能回应孩子需求，又能严格要求孩子。还有一种父母是“放任型”父母，对孩子的需求有求必应，但并不严格要求孩子。最后这种父母是现代溺爱型父母的典型代表，他们害怕让孩子经历任何可能会打击孩子脆弱的自尊心的事情。鲍姆林德认为，这种父母“在孩子面前是供他随意使用的资源，而不是负责塑造或改变他当前或未来行为的积极力量”。[③]

正是放任型的父母的幽灵，促使人们呼吁教师在执行课堂政策时要严格而不留情面。批评者担心，正如伯恩斯坦所写的那样，放任型教师会认为学生“在上课、阅读和取得好成绩方面是需要帮助和支持

① Douglas A. Bernstein, “Parenting and Teaching: What's the Connection in Our Classrooms?,” Psychology Teacher Network, September 2013, http://www.apa.org/ed/precollege/ptn/2013/09/parenting-teaching.aspx.

② 见 Diana Baumrind, “The Influence of Parenting Style on Adolescent Competence and Substance Use,” *Journal of Early Adolescence* 11, no.1(1991):56–95.

③ Diana Baumrind, “Authoritarian vs. Authoritative Parental Control,” *Adolescence* 3, no.11 (Fall 1968):256.

的孩子”。[1]

但是先不管这个明显的稻草人谬误——谁会认为大学教师应该像对待小孩子那样对待他们的学生呢？——我认为有这样一个假设值得质疑：要求严格就是要求很高。

我认为，做一位要求严格而又不爱指手画脚的教师是有可能的。你可以关心你的学生，不过分苛责他们，不必担心他们会骑到你头上。正因为我们的学生不是小孩子，所以我们有时可以宽厚一些，根据学生的具体情况允许他们延期交作业和补考，让他们知道我们更关心他们的学习，而不是他们是否完成了所有任务。

有人说，大学教师应该像对待成年人那样对待学生，学生如果搞砸了，就应该自行承担后果。我理解这种说法。这是有道理的，你当然有权在教学大纲上写明你的课程政策，然后希望学生都能遵守这些政策。但是，当复杂的事件不可避免地发生时——疾病、危机、那些垂死的祖母——你还是可以做出一些选择的。

在我看来，如果我们选择严格要求，不允许有例外，那么我们就是在告诉学生：遵守规则比我们为他们设定的任何其他学习目标都更重要。

学生会以为我们重视“满意度”——鼓励他们为了追求“足够好”而牺牲更好的东西。当我们的规则和政策显得如此重要时，我们就是在鼓励学生只努力满足我们的标准，而不去追求自己的目标。爱德华·德西和理查德·瑞安是自我决定理论（许多人认为这是对人类动

---

① Bernstein, “Parenting and Teaching.”

力的最有说服力的解释)的先驱,他们区分了自主支持型(autonomy-supportive)环境和控制型(controlling)环境。他们写道:"当人们感到自己受到外部激励因素的控制时,他们的自主需求就会受挫,一些消极的动机、表现和身体反应可能就会随之而来。"①如果引导我们教学的是预先制订的各种规则,而不是学生和他们的学习目标,那么学生得到的激励就会比较少。如果学生只是因为老师让他们做什么才做什么,那么他们就不太可能学到东西,也不太可能长时间记住所学知识。②

从某种意义上说,强调规则和纪律本身就是一种溺爱。把教师强加给学生的一系列政策看得如此重要,就等于向学生发出了这样的信号:他们是孩子,你不相信他们能自己解决问题。

我认为更好的做法是灵活运用规则,努力创造一个不必担心学生会占你便宜的学习共同体。我会在学期之初就让学生知道,迟交作业会受到惩罚。但我也会告诉他们,如果他们确实有正当的理由需要更多时间来完成作业,可以向我申请延期。我告诉他们,我最关心的是

---

① Edward L. Deci and Richard M. Ryan, "Motivation, Personality, and Development within Embedded Social Contexts: An Overview of Self-Determination Theory," in *The Oxford Handbook of Human Motivation*, ed. Richard M. Ryan (New York: Oxford University Press, 2012), 85 - 107.

② 弗雷德里克·盖伊(Frédéric Guay)、凯瑟琳·拉特尔(Catherine Ratelle)和朱利恩·查尼尔(Julien Chanel)在 2008 年回顾了教育语境下的自我决定理论研究,他们总结说:"自主动机会影响认知结果,比如可以增强记忆、加深学习深度。"Frédéric Guay, Catherine F. Ratelle, and Julien Chanal, "Optimal Learning in Optimal Contexts: The Role of Self-Determination in Education," *Canadian Psychology/Psychologie canadienne* 49, no.3(2008):235.

他们能否写出优秀的作业——通常对我来说多等一周时间也没什么关系。我会努力向学生表明，对我来说，他们的学习远比我的规则重要得多，希望他们的学习对他们来说也同样重要。

正如我在第二章中写到的，我现在会让学生自己去制订课堂技术政策。我会提出一些可能存在的问题，但会让学生自己去决定在课堂上可以使用哪些设备，手机是应该收起来还是调成静音模式，学生是否可以在完成课堂作业时听音乐，等等。

截至目前，我发现学生更愿意遵守他们自己制订的政策，而不是我强加给他们的政策。此外，他们自己制订的政策，几乎总是比我预想的更加严格。事实证明，大多数学生也不喜欢自己的同学在课堂讨论时发短信。现在我的课上学生发短信的情况少多了，我也不再需要刻意维持课堂秩序了。

花点时间问问你自己，为什么学生会虚构说自己的祖母去世了：你做了什么，让这个学生认为用撒谎获得延期比按时完成作业更可取？你做了什么，让这个学生认为撒谎比诚实地向你解释自己需要延期的理由更可取？努力营造一个学生不需要撒谎的课堂环境。

当然，学生需要对自己的行为负责，但教师也需要负责营造一个能鼓励学生学习的环境。我们应该努力打造让学生愿意按时完成作业的课程，因为我们已经成功证明了，按时完成作业对学生有好处。我们还应该努力让学生足够信任我们，使他们在悲剧发生时——有时确实有家庭成员去世了——能很安心地来找我们，解释自己为什么需要一些额外的时间来完成作业。至少在我的课堂上，学生有比遵守规则更重要的东西要学习。

为你的教学辩护

想要让我们的教学能满足学生需要，这意味着我们不仅有责任向学生证明我们的教学决定是合理的，还得认真对待学生的抱怨。虽然当我们的教学权威受到挑战时，我们的本能反应是防御，但我们必须真正地将学生当作我们课堂上的平等伙伴，这意味着要认真听取他们的意见。

如前所述，我最常教授的课程叫作“修辞学”。正如课名所示，这门课的重点是帮助学生成为具有大学教育水平的写作者、阅读者、演讲者和思考者。当然，要练习阅读技巧，你就需要真正阅读一些东西。在设计课程时，我将指定的阅读材料重点集中在了女性主义及相关问题上，大约一半的阅读材料都与女性主义、性别和(或)性有关(另一半阅读材料主要讲的是写作的过程)。

几年前的某个学期，大约期中时，我给一名学生发了封邮件，问他为什么出勤率和课程参与度那么低。他在回复中诚恳地表达了歉意，并向我保证以后会做得更好，这位学生写道：“我对这门课的期望是学习如何以大学水准进行写作和阅读。但很多时候，我觉得自己上的是性别问题课，而不是写作和阅读课——这让我很沮丧。”

我们会在多大程度上受制于学生对我们课程的期望，这是一个棘手的问题。当这位学生选了一门叫“修辞学”的课程时，他不可能知道我很重视性别和女性主义方面的阅读材料；他会觉得这门课程呈现出来的重点具有一点欺骗性，这当然是可以理解的。与此同时，我坚信，阅读有关女性主义的文章并在课堂上讨论女性主义议题，能很好地培养和锻炼学生的高水平阅读技能和写作技能，这些技能正是我的课程想要传授的技能。女性主义本身就是一种批判性阅读的实践，它能提供一种我认为对学生大有裨益的质疑世界的模式。我支持自己这种教修辞学课程的方式。但是，我有责任说服我的学生接受这种教学方式。

我在前面写了让学生去设计课程的各个方面的好处。不过，作为教师，我自然会认为自己有一定的自由，可以按照我认为合适的方式来教授我的课程。我接受过的训练、我掌握的专业知识，以及我所处的权威位置，都使我有资格设定课程的各个条件，指定阅读篇目、布置作业、制订评估标准。但作为教师，我们应该承认，这种自由是有代价的。

我认为，我们有权单方面决定如何上课，同时也有责任向学生解释和证明那些教学方法。我认为这是一种道德上的必要性——我将占用他们大量的时间，要求他们付出大量的努力，并按照我的方式去评估他们。至少，我应该有充分的理由做这些事。这也是一种教学上的必要性。当你试图说服学生接受你的想法时，仅仅依靠“因为我说了算”这种说法，并不能让学生真正心服口服。

在我的课堂上，我会花很多时间去解释我们为什么要做那些事情，我会从上课第一天开始就这么做。在带领学生阅读教学大纲时，我会仔细说明为什么我们要阅读列出来的特定文本，我希望学生能从中收获什么，以及我是如何得出结论的。虽然我们不可避免地会讨论阅读材料的内容，但我还是会经常试着引导学生去留意那些写作者应该注意的方面：修辞手法、结构方式、作品与其他作品的不同之处。

话虽如此，当我收到那封抱怨把课程重点放在了女性主义上的邮件时，我肯定要想一想可能是哪里出了问题。我有没有努力向学生解释我这么做的目的？我是否让课堂偏离了方向？我们对女性主义的关注是否让这门课变成了一门性别研究课？我再一次向学生阐明了我们这样做的原因。

我曾在《高等教育纪事报》上撰写过一篇专栏文章，指出学生的评价是有价值的。这篇文章的评论区涌现出了一些可以预见的回应。一位评论者指出："认为一个18岁的年轻人对我所教的课程足够了解，足以评价我的教学，这种想法本身很荒唐。"另一位评论者称，"学生的意见基本上没什么用"，"通常都是些牢骚抱怨——18岁的孩子都是这样"。

或许我在回应我的学生时也能抱持这种态度——反正他理解不了我的教学方法，我就应该不理会他的抱怨。

但我不是这么认为的，我坚信我们必须倾听学生的心声。如果我们的使命是帮助学生成长，那么学生本身就必须成为重要的反馈来源。他们或许无法完全准确地判断自己的学习情况，但他们显然比任何人都要更了解自己在某件事情上体验如何。

倾听学生的心声并不表示我们必须听取每个学生的每条意见或每句牢骚。学生不但有时无法准确判断自己的学习情况，而且在很多时候，他们的学习不力错在他们自己，不在于我们教师。尽管如此，我们仍有义务倾听学生的忧虑，无论他们是当面说给我们听，还是通过电子邮件或匿名评估表来告诉我们。

在教学中以学生为中心并非易事，特别是如果我们自己曾受教于并不总是把我们的学习放在首位的老师。但是，如果我们致力于帮助我们的每一位学生成长和学习，我们就有责任在课堂上践行开放、诚实的价值观。我们的学生就是我们的材料，让我们别忘记这一点。

第五章

评估不仅仅是评估：给学生提供正确反馈

许多学习都是以失败告终的。想想你小时候是如何学会骑自行车或演奏乐器的。每一次膝盖破皮或弹错音符都是一个信号，表明你还有更多需要学习的地方，你需要做出调整。卡罗尔·德韦克(Carol Dweck)的思维模式研究令人信服地证明了，将失败与挫折视作学习的机遇——而不是缺乏天赋或智力的迹象——对于成功来说至关重要。①

弄清楚如何与学生讨论这些失败和挫折是教师的重要工作。当我在监督女儿练琴时，我可以告诉她有时弹得太快或太慢了——我演奏了一辈子弦乐器——但当涉及钢琴演奏技巧上的错误时，我就几乎派不上用场了。但我的妻子年轻时曾认真弹过多年钢琴，她能发现这些问题，并帮女儿改善弹奏方式。她的专业知识对给女儿提供正确的反馈以纠正她的错误来说至关重要。

我们该如何给学生提供正确的反馈呢？我们该如何以一种激励

---

① Carol Dweck, *Mindset: The New Psychology of Success* (New York: Random House, 2006).

他们的方式，去帮助他们发现自己的错误呢？我们该如何让学生能够了解自己的长处和短处，从而做出调整来改进学习方法呢？正确的反馈要求我们看到学生的实际情况，并以帮助他们改进的方式去告诉他们。这需要我们深入了解我们的课程，深刻理解学生的学习过程，真正关注课堂上的学生。

出于多种原因，最重要的反馈形式可能是评估：作业形式的评估、考试形式的评估，对学生的努力结果进行各式各样的评估。

正如教育研究者所指出的那样，将我们评估学生的两种动机区分开来是非常重要的。我们评估学生的第一种（也是更典型的）方式被称为总结性评估（summative assessment）。这种方式旨在衡量学生的学习进度，以了解他们对材料的掌握程度。总结性评估是一种判断，教师要评价学生的学习表现。它是一种必要之恶，通常是为了让学生和教师承担起外部责任。

与总结性评估相反的是形成性评估（formative assessment），它的目的不在于衡量学生过去的表现，而在于影响学生未来的表现。形成性评估的理念是，我们提供给学生的反馈，能对他们后续的课程表现产生很大影响。仔仔细细地给学生的表现提供反馈，能有助于学生成长为独立的学习者，准确了解自己的进步（或不足），并相应地调整自己的学习方法。

这里有一种简单的方法，可以将学生的学习过程看作是一个反馈回路：

1. 学生做出了尝试（尝试回答问题或完成任务），但失败了。

2. 教师找出一个或多个错误，并帮助学生理解自己失败的原因。

3. 学生做出调整，然后再次尝试。

形成性评估能够确保第 2 个步骤成功。如何才能很好地与学生交流他们的失败，令他们理解自己失败的原因，并从中吸取教训？帮助学生理解他们犯错误的原因是教学过程的核心。这一步是至关重要的，也是困难重重的。

在第四章中，我写到了如何利用学生的反馈意见来因材施教。这里要说的正好相反：我们要想一想学生如何能从我们这里获得反馈，从而更好地学习。

当然，我们给学生打分算是一种反馈。成绩不仅能体现学生在考试或作业中的表现，还能向学生传达一些信息，比如，他们在多大程度上达到了我们的期望，以及他们目前的学习方法是否有效。但是，成绩是一种非常钝的工具。

每当我收到一篇糟糕到不知该如何打分的论文时，我就会想到这一点。我说的不是迟交的论文，也不是抄袭的论文，也不是篇幅太短或跑题的论文。相反，我这里所说的这类文章表面上符合一切要求，但写得太差，完成得太粗糙，似乎需要给出些特别的意见。

我总是不确定该如何处理这样的论文——尤其是我在课程中已经设置了很多检查节点，专门确保学生不会严重失误。但我的一个同事建议我，遇到这种情况，可以给一个非常低的成绩以起到警醒的作用，尤其是当它是学期内第一个重要作业的时候。适当的低分可以起到激励学生改正错误的教学作用。

但是，关于外在动力和内在动力的研究表明，我们不应该指望一个糟糕的成绩本身对激励学生有很大帮助。外在动力实际上会对内在动力产生负面影响，因此，把期末成绩会不好挂在嘴边，可能会令学生更不投入。如果学生的学习动力是为了获得更高的分数，那么他们就会去做他们认为能让自己获得高分的事情，而这些事情并不一定会符合你的期望（即真正的学习）。①

但是，由于大多数学生确实关心成绩，我认为，成绩仍然可以成为促生内在学习动力的工具。②

伦敦国王学院的两位研究人员在详尽回顾有关形成性评估的文献时，引用了许多参考资料，这些资料记录了一种许多教师都熟悉的现象，即学生“不愿意更认真地投入到学习中”。③ 他们引用了瑞士学者菲利普·佩雷诺德（Phillippe Perrenoud）的话，佩雷诺德认为，许多

---

① 自我决定理论的提出者爱德华·L. 德西和理查德·M. 瑞安对这一过程描述如下：当人们的行动驱使力是追求奖励或避免惩罚时，“他们的行为往往会变得依赖于偶然事件，因此，如果偶然事件不发生，他们就不会做出这些行为。当人们感到自己受到外部激励因素的控制时，他们的自主需求就会受挫，一些消极的动机、表现和身体反应可能就会随之而来。”Edward L. Deci and Richard M. Ryan, “Motivation, Personality, and Development within Embedded Social Contexts: An Overview of Self-Determination Theory,” in *The Oxford Handbook of Human Motivation* (New York: Oxford University Press, 2012), 88.

② 回到德西和瑞安的观点，他们认为奖励或惩罚等外部动力可以内化，从而增加人的内在动力。部分原因在于“人们有一种内在化的倾向，会将所处环境中对自己来说重要的他人所重视的行为规范进行内化，该过程是内在整合过程的一部分”。从这个意义上说，你的评分能传递出你重视什么，这可能会影响学生的内在动力。(Deci and Ryan, 88)

③ Paul Black and Dylan William, “Assessment and Classroom Learning,” *Assessment in Education: Principles, Policy & Practice* 5, no.1(2006):22.

学生“并不渴望尽可能多地学习，而是满足于‘过得去’，满足于在不发生重大灾难的情况下度过这段学习时光，这一天或这一年”。[①] 对于这些学生来说，一个适当的低分或许就可以成为一场重大灾难。低分可以让这些学生知道，他们目前的学习方法是行不通的。

但是，一个糟糕的成绩即使有助于提升学生的内在动力，它仍然不能说明学生今后需要具体改变些什么。当我给一篇很糟糕的论文打D时，这个成绩只能传达出我认为这个学生写得很差。它本身说明不了学生本应该怎样改进——这篇论文怎样才能达到我的要求。如果学生的学习过程是一个三步骤的反馈回路，那么，我们的形成性评估过程也应该有三个步骤：

1. 我们向学生表明他们的表现还不够好。

2. 我们向学生展示他们哪里做得不够好，本应该怎么做。

3. 我们帮助他们了解今后需要做些什么才能改进。

一个糟糕的成绩只完成了第一步。那么有没有可能，一个糟糕的成绩会让学生摆脱自满情绪，让他们探索出更好的学习方法，从而扭转他们的表现呢？有可能。但如果没有进一步的反馈的话，可能性不大。我们需要给学生反馈低分的来龙去脉——学生表现不佳的具体原因，和具体的改进办法。

我经常会给那些糟糕的论文打D。但我总是会花额外的时间给这些作业提反馈意见。我们需要让学习有困难的学生能明白自己做

---

① Phillippe Perrenoud, “Towards a Pragmatic Approach to Formative Evaluation,” in *Assessment of Pupils' Achievement: Motivation and School Success*, ed. P. Weston (Amsterdam: Swets and Zeitlinger, 1991), 92.

错了什么，我们真正想看到什么，以及他们在原本的学习方法下错过了什么。我们还应该强调学生如何才能在今后的作业中取得更好的成绩，无论是在学习过程方面（也许学生在做作业之前需要做更多的研究），还是在具体的学科知识方面（也许学生需要补习有关多项式方程的知识）。最后，我们要让学生相信，更充分地参与课程能给他们带来最大益处。

帮助学生从错误中吸取教训

在思考形成性评估对学生学习的重要性时，有件事情总是困扰着我。回到我女儿弹钢琴的问题上，当她在弹奏一首曲子出错时，接下来发生的事情很简单：我们纠正她的错误，并试着理解她为什么会出错（“你的手指弯曲弧度不对”）。然后她再次弹奏这首曲子，这次她会调整自己的方法。这种重新尝试，即反馈回路的第 3 个步骤，是学习所必需的。但对于大学课堂上的学生来说，大多数时候是我们指出他们的错误，也许会和他们一起了解他们为什么会犯错，然后就迅速进入下一个主题。这怎么可能有效呢？

哪怕我们的评估方法倾向于是形成性的而非总结性的，我们也很少在课堂上花时间去反思学生的失败。我想大多数教师和我一样，都不会让学生重做那些已经评过分的作业。我们都希望学生能将一次作业的经验教训带到下一次作业中去，但我们会发现，学生在完成下一次作业的过程中，会将这些经验教训忘个干净。真正的学习来自实践，来自对过去错误的认识。我们如果不给学生思考的空间，让他们从这些错误中吸取教训，我们就可能剥夺了他们学习宝贵经验的机会。

在读了高中教师和教育作家杰西卡·莱希(Jessica Lahey)的一篇博客文章后，我开始更具体地思考这些问题。在学年第一次重要考试之前，莱希担心她的许多学生会考得很差。但她认为："往往考试成绩不理想正是一些学生所需要的，他们需要借此认真弄清楚自己在课堂上应该学到什么。"莱希的学生的确考得很差，但她随后利用了考试和学生的错误回答，来帮助学生去学习那些难以掌握的知识。她让学生在课堂上重新考试——学生两两结对，这次是开卷考试——并让每对学生去解释为什么他们的回答是正确的，其他回答是错误的。①

我知道许多教师仍会把试卷发还给学生，指望学生能自己查漏补缺。可与其这样，不如花点课堂时间复盘考试结果。如果考试是值得的，如果它测试的内容是你希望学生理解的重要概念与技能，那么花点时间去确保学生理解了那些内容与技能就是值得的。北卡罗来纳大学教堂山分校的社会学教授霍华德·奥尔德里奇(Howard Aldrich)曾撰写文章，介绍了他将学生分成小组来复盘考试结果的做法。② 他要求每个小组一一复盘每一道题，并帮助彼此理解自己出错的原因。在小组内，学生会根据问题的不同，在"教师"和"学生"之间迅速切换

---

① Jessica Lahey, "Things Fall Apart," *Coming of Age in the Middle* (blog), November 6, 2011, http://comingofageinthemiddle.blogspot.com/2011/11/things-fall-apart.html.

② Howard E. Aldrich, "How to Hand Exams Back to Your Class," *College Teaching* 49, no.3(2001):82.

角色。

奥尔德里奇还指出，他会确保期末考试是累积性的——也就是说，整个学期内的各次考试覆盖了期末考试中会出现的内容。奥尔德里奇会提前告诉学生这一点，并允许学生保留自己的历次考试卷。这给了学生额外的动力，确保他们能及时明白自己错在哪里。

奥尔德里奇给出的另一个建议是，在每次考试后进行后续测验。在复盘完考试结果后，组织随堂小测验，或者把它设计成一个让学生带回家做的小测验。小测验应该简短，把重点放在学生最头疼的内容上。小测验为学生提供了一个机会和动力，让他们明白该如何掌握最难的概念知识。

类似的，还有一个想法我也喜欢，那就是在学期末组织错题考试。这在小班教学中比较容易实现，而在大班教学中也并非不可能。临近期末时，给每个学生出一份个性化的考试卷，试题由学生在之前的考试中答错的题目（或与之类似的题目）组成。学生知道会有这样一场考试到来，他们就会花时间研究以前的错题，为考试做准备。这确实需要教师做一些额外的工作，但只要有一点先见之明并做好准备，还是很容易做到的。

两阶段考试

你还可以尝试改变考试的性质。两阶段考试的概念很简单，却能带来很多好处：学生先以个人形式单独参加考试，然后再立即以小组为单位重新参加考试。以小组为单位参加考试的成绩也计算在内——这样学生就有动力一起努力找出正确答案——但只占整个考试成绩的15%～20%。大部分成绩(80%～85%)来自个人考试结果。由于个人考试的成绩比例很高,因此每位学生仍需努力学习。但他们也会因为在第二阶段努力理解和改正自己的错误而得到回报。

通过两阶段考试,学生可以在答错后立即得到反馈,同时还能接触到解决难题的多种其他方法。他们可以看到自己哪里做错了,并几乎立即就能明白如何才能做对。这种做法在那些要求学生展示解答思路的考试中效果尤其好。①

两阶段考试还有一个更复杂的版本,出自拉里·迈克尔森(Larry Michaelsen)最初提出的一种系统的教学方法,即团队协作学习(team-based learning)。② 这样的考试往往是低风险的。

每当课堂上要引入一个新话题时,教师都要事先布置适量的阅读任务。上课时,学生首先要围绕阅读材料参加考试,考题一般是15到20道选择题。考试结束后,学生分成小组(在团队协作学习中,每位学生在整个学期内都待在同一个小组里),以小组为单位重新参加相同的考试。教师要鼓励各组学生围绕每一道题展开讨论,并以小组为单位共同确定每道题的答案。他们会拿到特殊的刮刮卡,能立即就知道答的是对还是错。如果答错了,小组就必须继续讨论该问题,并再答一次。

接下来,教师会给每个小组一个机会,让他们针对那些被判定做

---

① 见"Two-Stage Exams," Carl Wieman Science Education Initiative, October 2014, http://www.cwsei.ubc.ca/resources/files/Two-stage_Exams.pdf.

② 见 Larry K. Michaelsen and Michael Sweet, "Team-Based Learning," *New Directions for Teaching and Learning* 128(2011):41－51.

错了但他们认为应该是做对了的问题提出申诉。各小组以书面形式提出申诉，指出他们认为题目或阅读材料中存在的歧义，并使用证据支持他们的论点。与考试不同，这一过程是开卷式的，学生可以立即翻阅那些导致他们答错了的阅读内容。申诉过程允许学生运用所学知识进行论证，为自己赢得更高的分数。教师要收集这些申诉，并在课后对其进行评估。

最后，教师根据学生的考试结果做出简短的讲解(理想情况下，在各小组书写申诉状时，教师就可以花些时间来看一下学生的考试结果)。你可以问一问学生，他们在阅读中觉得哪些部分比较难懂。把他们的回答与大多数学生答错的考题结合起来，你就可以更好地确定当下需要进一步讲解哪些内容了。

不管你喜不喜欢这一整套精心设计的课堂教学流程，它的价值是显而易见的。在相对较短的时间内，学生必须把重要的材料复习四遍——在最初的考试、小组复测、申诉过程和讲解说明中，而且不难想象，在其中两个环节之间还能发起一次全班讨论，复习第五遍。这整个过程看似过于复杂了，但我相信，在完成这套流程后，不会有多少学生在走出教室时，还会对最重要的材料一知半解了。

针对作业给出反馈

如果你像我一样不经常组织考试，那么，或许你可以从修辞学和写作领域汲取经验，将同样的策略应用到你布置的作业中。许多修辞学/写作指导教师(包括我在内)都要求学生在提交最终版作业前，先提交多份草稿。无论是写作作业还是其他作业，要求学生提交作业草稿，能让你有机会给学生提供真正能派上用场的反馈意见，而且学生可能也会真正重视这些反馈。学生之所以会不留意我们写在他们作业上的反馈意见，最大的原因是，在他们看来，那些作业已经成为过去；如果学生不再关心被评估的作业，那么评估就很难起到形成性的作用。一旦我们给某项作业打了最终成绩，那么这项作业对大多数学生来说就失去了意义。学生不会再改进它，因此也就不会再花很多时间去思考它了。你的学生会希望自己能在你的课上有出色表现，但如果你的评语只是(a)指出他们在已经提交的作业中犯下的错误，或者(b)提供在遥遥无期的未来作业中才能用得上的经验教训，那么他们现在就不会有太大的动力去关注你的意见了。

理查德·哈斯韦尔（Richard Haswell）提出的“极简标记”（“minimal marking”），或许可以解决这一问题。[①] 哈斯韦尔知道学生们并不怎么采纳他的批改意见，尤其是针对表面错误的意见，于是他干脆不再写那些批注意见了。取而代之的是，他会在出现了一个错误的那行文字旁边画一个勾号，有两个错误就画两个勾号。哈斯韦尔会把打了勾的论文发回给学生，不写成绩。然后每个学生都必须找出、圈出并改正所有错误，才能拿到成绩。通过先不给成绩，从而拉长学生关心论文的时间的方式，极简标记迫使学生真正去关注教师的意见。

但是，极简标记实际上只适用于修正最基本的技术性细节错误。

---

① Richard H. Haswell, "Minimal Marking," *College English* 45, no. 6 (October 1983): 600 - 604.

有一个更好的办法，那就是在草稿阶段，而不是在最终版作业上给出反馈意见。我们需要集中时间和精力，在学生真正需要的时候——在他们还在做作业的过程中——给他们提意见。20 世纪 80 年代后期，哈佛大学教授理查德·莱特(Richard Light)针对如何打造最好的大学课程展开了研究，他发现，“绝大多数”接受调研的学生都“确信，当他们有提交作业初稿的机会，能得到详细的反馈和批评意见，然后再提交最终版本以获得成绩时，他们的学习效果最好”。[①] 当然，这样的方案需要你在课程安排中，设置提交初稿的截止日期，我知道这对每门课程来说都不容易。但别担心，这个方法不会让你的工作量翻倍。如果你向学生解释，你想在他们最能受益的时候给他们提供反馈，那么你可以在他们的作业最终稿下面写上成绩，并把作业交还给他们。而如果有学生想知道自己为什么得那个成绩，可以安排一次见面会来讨论他的作业。

让学生在最终稿截止日期前至少一周上交初稿。如果他们迟交或不交，可以惩罚他们，就像惩罚他们迟交其他作业那样。给你自己留出足够的时间，以便你能在最终稿截止日期前至少三四天，把你批改好的初稿还给学生。你的批注重点要放在告诉学生怎么做才能完善初稿上。你当然可以指出表面的错误。但要把大部分时间花在那些你认为优秀的作业最需要具备的要素上。要教你的学生如何修改自己的作业。

---

① Richard Light, *The Harvard Assessment Seminars* (Cambridge, MA: Harvard University Press, 1990), 24.

我会要求学生与我见面讨论论文草稿。我发现这么做能节省我的时间：与其在作业页边空白处潦草地写上评语（或者说，在做这项工作之外），我更愿意当面指出学生论文中需要改进的地方。我会确保每次见面都能让学生有明确收获：我会借鉴我的同事娜奥米·格雷瑟（Naomi Greyser）的做法，给每个学生写一份简短的待办事项清单，让学生带回家。

这样做的目的不是给你增加工作量，而是让你利用好时间去改善教学。与学生见面讨论看似工作量很大，但这样做可以省下你原本要花在批改草稿上的时间，并能使学生真正理解和听取你提出的意见（而不是一遍又一遍地重复同样的错误）。我觉得我更擅长当面回应学生；书面意见很容易被误解（或忽视）。当面交流时，我可以很轻松地看出学生到底有没有理解我措辞巧妙的建设性批评；我可以不断变换表述，直到学生听懂为止。

给学生作业提意见，让他们倾听

在许多学科中，针对学生作业给出反馈非常简单，一台电脑就可以做到：学生答错了就扣分，答对了就加分。但一旦你想要提供的反馈比这更复杂——当你想告诉学生**为什么**他们的回答是错的，以及他们今后该如何避免犯同样的错误时——这项任务的挑战性就变强了。

彼得·埃尔博（Peter Elbow）是一位极具影响力的写作研究学者，他撰写了大量关于如何给学生提供反馈的文章；他的许多建议都适用于大多数学科的各种学生作业。以下是他的一些建议。

先以普通人的身份作出回应

埃尔博坚持认为，作为教师，我们在回应学生作业时可以做的最有力的一件事情，就是试着暂时抛开教师的身份。[1] 不要总是以权威的身份去读学生的作业，评判对错，而是要先以一个感兴趣的旁观者的身份去阅读，并写下你的反应。你不必把所有这些反应都告诉学生，但哪怕只是稍微转换一下视角（写“我发现这很令人困惑”，而不是写“这很令人困惑”），也能有所帮助。

为什么这样做能有所帮助？首先，如果你以一个普通人的视角作出回应，而不是以上帝的声音去回应（根据你无懈可击的判断力去判定对错），学生会更信任你的反应。埃尔博认为这是一个认识论的问题；学生“知道所谓的权威往往会相互矛盾”。

其次，先以普通人的视角作出回应，有助于将学生当作真正的学者，而不是乞求教师认可的乞求者。把学生当作学者，并不意味着你认可他们所做的一切，而是意味着你在回应学生之前，假定他们自己想要知道别人是如何看待他们的工作的。

针对学生的学习过程给出反馈

正如我上文所写的那样，在写作过程的早期与学生见面或给他们提意见，是比较好的做法。但你如果无法针对草稿给出反馈，那么也可以给学生的写作过程提意见。我们大多数人经常这样做，

① Peter Elbow, “About Responding to Student Writing,” accessed January 30, 2019, http://peterelbow.com/pdfs/Responding_to_Student_Writing.pdf.

并且提意见的时候总会猜测学生到底为什么做得不够好(我发现自己经常会写下类似“我认为再多写几稿就能改进这篇论文”这样的话)。不过,给过程提意见并不一定非得靠猜测。埃尔博建议,让学生在交大作业时,附上一封说明信,解释自己是如何完成作业的。他们采取了什么方法?他们面临过哪些选择,选择了什么?他们认为自己做得怎么样?

有了这封说明信,你就可以更好地提供反馈,指出学生如何能够在此基础上再接再厉(“我注意到你的许多答案都存在简单的计算错误。我还注意到,你说自己直到截止日的前一天晚上才开始写作业;或许下次可以早点开始,给自己留出检查的时间,那样就不会出现这些错误了。”)。埃尔博的说明信是一种所谓的“过程性写作”(“process writing”),我在第六章中会讨论乔迪·希普卡(Jody Shipka)的“目标与选择说明”,后者也是一种“过程性写作”。

使用表格

埃尔博的评分表是一种介于打分与使用更详细(和更抽象)的评分标准之间的方法,它比较简单,能让你无需额外花费精力就能给出更具建设性的反馈。列出需要被评估的基本要素,用简单的三点量表为作业的每个方面打分:弱、一般、强。你只需要评估学生作业的各个方面的优劣好坏,就能让学生详细了解自己的表现。

这是埃尔博用于评估写作作业的基本表格示例:

弱	一般	强	
			内容、见解、思考
			组织、结构、对读者的引导
			语言：句子、用词、语态
			技术性细节：拼写、语法、标点、校对
			总体①

在学期中途给出反馈

这里有一个反馈真正发挥了作用的例子。马克·索尔兹伯里(Mark Salisbury)是伊利诺伊州奥古斯塔纳学院的副院长兼机构研究与评估主任，他注意到，学生经常抱怨说，他们直到学期后期才从老师那里获得足够多的反馈。于是，索尔兹伯里和他的团队在新生调研中加入了一个问题："我会在学期之初就拿到我的成绩和其他反馈，凭此调整我的学习习惯，或寻求必要的帮助。"(这不是一个需要回答的问题，而是学生通过五点量表来表示他们对这一说法的认同程度)。这句话的措辞表明了索尔兹伯里团队的观点：如果评估有助于学生监督自己的学习，那么，早期评估越多，不就越有利于学生学习吗？

① Peter Elbow, "From Grades to Grids: Responding to Writing with Criteria," accessed January 30, 2019, http://peterelbow.com/pdfs/Grids_for_Grading.pdf.

调研结果符合典型的正态分布，从“非常不同意”到“非常同意”，五个选项的答案分布相对平衡。但最有趣的是：学生对这一问题的回答，跟他们对若干其他问题的回答是相关的。

那些认为自己很早就收到了有用的反馈意见，并能凭此采取相应措施的学生，会更倾向于认为他们与教师的互动总体上帮助自己取得了进步。他们也更倾向于认为，教师把他们当作独立的个体来对待。而最精彩的部分是：学生对早期反馈的认同程度越高，他们就越倾向于表达说，为了达到教师的期望，他们更加努力地学习了，“无论这些额外的努力是否会提高成绩”。样本数量很小，但结论很明确：如果学生能有机会监督自己在某门课上的学业进展，那么他们真的会更加努力地学习。①

这项研究证实了一个直观的结论：我们应该尽可能多地向学生提供有建设性的具体反馈，而且应该在学期早期就提供给他们。学生想知道自己做得怎么样，哪里做得不对，今后应该怎么做。我们应该把这些事情告诉他们。

我们要确保能做到这一点。首先，不要把所有的主要作业都留到下半学期才布置。把重要的作业推迟到后面做，给学生留出适应课程的时间，让他们适应新环境，这听上去很有诱惑力。但请记住，评估对指导学生今后的学习和衡量成绩来说是同等重要的。如果我们让学生在学习了几个月之后，才了解自己的学业进展，那我们就是在害他

① Mark Salisbury, “Revisiting the Value of Early Feedback,” *Delicious Ambiguity* (blog), Augustana College, April 30, 2018, http://www.augustana.net/blogs/ir/?p=2415.

们。要尽早布置需要评分的作业。

如果你像许多教师那样，会将学生的课堂参与情况纳入总成绩，那么在学期中途给学生的平时表现打分也能对你有所助益。将课堂参与情况计入评分，这么做的好处很明显，它也能很好地说明评估可以激励学生学习。将学生的期末总成绩与他们的课堂参与情况挂钩，这能让学生明白，你对他们学习情况的评估，在很大程度上取决于他们对课堂的贡献。对于我们这些相信主动学习的价值的人来说，将课堂参与情况纳入期末总成绩就是在用实际行动表明我们的立场。我们是在用学生能够理解的语言明确表明——我们希望他们在课堂上发挥积极作用。

此外，我们希望课堂参与的成绩能起到促进参与的作用。我们希望它既是胡萝卜又是大棒：奖励那些（幸运地）用有见地的观点挽救了课堂讨论的学生，惩罚那些在课堂上打瞌睡的学生。但是，如果我们只把学生的课堂参与成绩作为期末成绩的一部分，那么课堂参与成绩就失去了作为形成性评估的作用，失去了其作为促进学生参与课堂的催化剂的作用。这就好比你在整个学期中布置了许多作业，但直到学期末才让学生知道成绩。成绩可以起到激励学生的作用，但如果等到上完最后一堂课才给学生的课堂参与情况打分，那么成绩就起不到激励作用了。

解决方案比较简单：每两周给每位学生打一个参与分。这看似给教师增加了很多工作量，但我认为从长远来看，你会发现这实际上可以让你少做很多工作。通过记录每位学生的参与进度，你再也不用眯着眼睛费力辨认考勤表上的一连串铅笔标记，计算某个学生在过去三个月内发言的次数到底是五次还是六次。评估每位学生在两周内的参与情况，要比评估他们在整个学期内的参与情况容易得多。

更重要的是，学生——和你的课堂讨论——能够从中受益。正如作业成绩不佳能激励学生在后续作业中多下功夫一样，课堂参与成绩不佳也能激励沉默寡言的学生踊跃发言，参与课堂讨论。学生们可以及时了解自己在这方面的表现如何。

随着越来越多的课程使用 Canvas 和 Moodle 等学习管理系统，给学生的平时表现打分变得越来越容易了。当然，你不需要每两周打一次分。每个月打一次分，或是甚至只在期中打一次分，也能起到类似的作用。上述任何一种方案都能让课堂参与成绩发挥更大作用。

学生为什么会挂科?

每一次失败都是一次学习的良机，这是不争的事实。但从教育学角度来说，在大多数情况下，当我们的学生挂科时，他们会陷入孤立无援的境地。我们判一个学生不及格时，通常已经来到了师生关系的最后一幕：我们把成绩提交归档，学生采取行动应对成绩（或不应对）。为什么我们要在这些学生最需要帮助的时候，突然抛弃他们呢？

学生在我的课上是很难挂科的。我不是个好说话的人，但在整个学期里，我会尽我所能地去帮助学习有困难的学生，在确有必要时同意通融延期，并努力了解如何能帮助他们。当我不得不在学期末给学生判 F（哪怕是 D）的时候，我常常会感到深深的遗憾，甚至是反感。学生挂科会让我觉得自己受到了冒犯:我为你做了这么多,你却还是连最基本的要求都达不到?

这种情绪反应是合理的,不是吗?那些不及格的学生忽视了自己的学习,错过了多次改正的机会,显然没有达到课程基本要求。他们违背了师生之间的隐性契约。我们为什么要费心去帮助那些显然不在乎学业的孩子呢?

这是一个完全合理的反应,我能理解那些把不及格成绩提交归档后,像动作明星那样平静地走开而无视身后的爆炸的人。但是,这副老师痛心、学生被抛弃的情景,会让我感到困扰——尽管我自己曾多次令学生挂科。我会觉得那些学生让我失望了,而事实上他们只是让自己失望了(或者更糟的是,是我让他们失望了)。但是受伤的感受并不能带来好的教学效果,学生挂科意味着他们错失了良机。

对于学生挂科的原因,教师和学生往往有不同的解释。2014 年发表的《从教师视角看学生为何不及格》("Why Do Students Fail? Faculty's Perspective")一文研究显示,学生最倾向于将自己的挂科归咎于缺乏学习动力,而教师则最常将主要原因归结为学生缺乏学术准备。[①] 这种分歧让我们明白了,学生为什么会挂科,以及学生应该从挂科中吸取什么教训,答案并不总是显而易见的。

如果我们只是让学生挂科,将他们的成绩提交归档,就结束这门课程,那我们就毁了整个学期的努力。学生们可能会向学术顾问或其

---

① Abour H. Cherif et al., "Why Do Students Fail? Faculty's Perspective," *2014 Collection of Papers*, Higher Learning Commission Annual Conference, accessed June 13, 2018, https://cop.hlcommission.org/Learning-Environments/cherif.html.

他导师寻求帮助，来查阅处理自己的成绩，但任课教师才是最有资格指导学生从挂科经历中吸取教训的人。

所以，再联系这些学生一次吧。邀请他们与你见面讨论这一学期的学习。如果没法进行面对面的交谈，那就通过电子邮件去交流。明确表达你的意图——告诉学生，你想弄清楚发生了什么，以及学生今后可以做些什么来防止这种情况再次发生。不要急于花很多精力去解释学生为什么得了这个成绩，而应把重点放在学生可以采取的具体措施上。就像在学期中途打低分时，很有必要给学生提供具体的反馈意见一样，我们也需要把学生的挂科视作一个机会，帮助他们了解自己哪里做得不对。这是一个简单的教学步骤——也是最后一次教学尝试。

成绩通胀和盲评

尽管本章的重点是形成性的评估，但总结性的评估也很重要。我们应该认真履行自己的责任，尽可能公正、客观地给学生的表现打分。然而，这种严肃的态度仍让许多用心良苦的人对成绩通货膨胀问题感到恐慌。

成绩通货膨胀是一种听起来过分糟糕的现象。你听说过有的高中有 117 位优秀毕业生做告别演讲吗？[①] 你读到过哈佛大学的中位成

① Moriah Balingit, "The New Trend in Validating Top Students: Make Them All Valedictorians," *Washington Post*, July 12, 2015.

绩是 A－(令人震惊!)的新闻吗?[1] 或许你访问过 gradeinflation. com 这一网站,网站上有详细的图表,显示了成绩通胀现象是多么普遍,并得出了一个令人担忧的结论,那就是该现象与识字率下降有关。

2014 年,丽贝卡·舒曼在《石板》(*Slate*)杂志上撰文,承认自己的课程长期存在成绩通胀现象。她说,给学生苛刻地打 C 等成绩必然会造成学生接二连三地发来电子邮件。她令人信服地辩称,成绩通胀是教育消费模式的一个自然结果,这种模式在美国校园里似乎越来越普遍。[2] 鉴于许多围绕这一主题的文章都使用了愤慨和警惕的口吻,人们可能会认为,成绩通胀是教育消费模式的**原因**。无论如何,人们的共识似乎是,成绩通胀的确是一件非常糟糕的事情。

但事实是,成绩通胀可能是一种无受害者犯罪(victimless crime)。没有任何令人信服的研究表明,分数越高就会导致学生的学习效果越差。[3] 有人认为,让更多的学生获得更好的成绩,会对那些真正出类拔萃的、理应比同龄人更优秀的学生不利。但是,教师的工作是教育他的所有学生——帮助尽可能多的学生在学习中茁壮成长——而不是

---

① Valerie Strauss, "Harvard College's Median Grade Is an A－, Dean Admits," *Washington Post*, December 4, 2013.

② Rebecca Schuman, "Confessions of a Grade Inflator," *Slate*, May 14, 2014, http://www. slate. com/articles/life/education/2014/05/why_professors_inflate_grades_because_their_jobs_depend_on_it. html.

③ 我确实找到了一项发表于 2010 年的研究,该研究发现,加州大学圣地亚哥分校的学生,他们所预计的期末成绩越高,他们在学习上花费的时间就会越少。Philip Babcock, "Real Costs of Nominal Grade Inflation? New Evidence from Student Course Evaluations," *Economic Inquiry* 48, no. 4(2010): 983－996.

促进学生之间相互竞争，以区分出优劣好坏。[1] 让学校和研究生院自己想办法去评估学生吧。你有更重要的事情要做。

请记住，我们的目标应该是让学生因为真的想掌握课程内容，而想在课堂上取得优异成绩。正如阿尔菲·科恩（Alfie Kohn）在其2002年发表的《成绩通胀的危险神话》（"The Dangerous Myth of Grade Inflation"）一文中所指出的："关注成绩会带来，或者至少会助长一种外在导向，这种导向很可能会破坏我们想要激发的学习热情。"[2]如果我们极其看重成绩，那么我们的学生也会极其看重成绩。

请不要误会我的意思。我不是在提倡给每个学生一个A就完事了。我并不认为成绩通胀是我们应该积极追求的目标，但我们也不应该让对成绩通胀的恐惧影响我们的评估决策。我们的目标应该是诚实地评估学生的学习表现。

但是，假如你已经努力公平地给学生打分了，在评估他们的课业表现时尽力保持客观了，但最终得到的A和A－成绩还是比其他成绩多，那也不必焦急。你给出的期末成绩不会成为压垮美国教育的最后一根稻草，你也不必对下一代的蠢笨负责。你那张写着很多A的成绩

---

① 事实上，促进学生之间相互竞争可能会产生负面效果。2014年，一项针对韦尔斯利学院对抗成绩通胀的研究显示，人为设定成绩上限的院系，最终导致了在成绩上出现了更大的种族差距，并引致招生人数和招生专业减少。Kristin F. Butcher, Patrick J. McEwan, and Akila Weerapana, "The Effects of an Anti-grade-inflation Policy at Wellesley College," *Journal of Economic Perspectives* 28, no.3(2014):189－204.

② Alfie Kohn, "The Dangerous Myth of Grade Inflation," *Chronicle of Higher Education*, November 8, 2002, https://www.chronicle.com/article/The-Dangerous-Myth-of-Grade/34252.

单并不是放任型文化——在这种文化中，教师会降低标准，学生则敏感脆弱——造成的最终恶果。我敢打赌你的学生的学业表现确实值得被评为 A 等。

反对成绩通胀的"论据"指出，期末成绩要提供客观、透明地衡量学生表现的标准。要使一个成绩被视为"通胀"，就必须假定存在一个学生本该得的(较低的)成绩。我要再说一次，我认为教师需要非常认真地、尽最大努力公平地评价学生。但我们不应该自欺欺人，以为大多数教师，尤其是那些无法依赖选择题考试的教师，能够准确地量化学生在一个学期中的学业表现。成绩从本质上讲是主观的，会受到学生和教师无法控制的各种情况的影响，尤其是，会受到其他学生的作业质量的影响。

综上所述，只要我确实在扮演着评估者的角色，我就想确保我的评分能尽可能公平。既然我们知道成绩确实会被用来评判、奖励和惩罚学生，我们就有义务公平地给学生打分。为此，我经常会想，我自己的未被察觉的偏见到底会对我的评分有多大影响。在过去的几十年里，有越来越多的研究在关注评分偏见的问题。

约翰·马洛夫(John Malouff)、阿什利·埃默顿(Ashley Emmerton)和妮古拉·舒特(Nicola Schutte)——他们都是澳大利亚新英格兰大学的研究人员——正着手研究光环效应(halo effect)：学生因过去成绩优秀而被打高分。光环效应认为，如果我们给学生的第一篇论文打了 A，那么我们就更有可能会给该学生的后续作业打高分。2013 年，这几位作者在《心理学教学》(*Teaching of Psychology*)期刊上发表了一篇文章，报告了一项针对 126 名教师展开的研究，这些教师同时对一名心理学学生的口头报告录像和一篇短文进行了评分。①

有一半的教师看了一份表现糟糕的口头报告(学生只有很少的准备时间),另一半教师看了一份表现更好的口头报告(学生有更多时间做准备,并且接受了指导)。所有教师都对该学生的同一份书面作业进行了评分。结果非常明显:那些在批改文章之前,看过较好的口头报告的教师所打出的分数,要比看过较差的口头报告的教师打出的分数平均高出 4 分。我们会有意无意地将学生分门别类,并普遍期望他们的表现能符合我们的预期。

马洛夫和埃纳·索斯坦松(Einar Thorsteinsson)的另一项研究考察了 20 项其他研究,共涉及 1935 名评分者,该研究想要确定评分中的偏见问题到底有多严重。两位研究者认定,评分偏见是真实存在的,如果教师知道学生的种族或民族身份、性别或之前的教育表现等细节,可能会引发无意识的偏见。② 也有其他一些研究的结论与此不同。2016 年,菲尔·伯奇(Phil Birch)、约翰·巴滕(John Batten)和乔·贝蒂(Jo Batey)——奇切斯特大学和温彻斯特大学体育与运动科学的讲师——开展了一项研究,旨在考察学生的性别对成绩的影响,

---

① John M. Malouff, Ashley J. Emmerton, and Nicola S. Schutte, "The Risk of a Halo Bias as a Reason to Keep Students Anonymous during Grading," *Teaching of Psychology* 40, no. 3(2013):233 - 237.

② John M. Malouff and Einar B. Thorsteinsson, "Bias in Grading: A Meta-analysis of Experimental Research Findings," *Australian Journal of Education* 60, no. 3 (2016):245 - 256.

结果发现，男生撰写的论文与女生撰写的论文在成绩上没有明显差异。[①] 同样的，2016 年，简 · 费尔德(Jan Feld)、尼古拉斯 · 萨拉曼卡(Nicolás Salamanca)和丹尼尔 · S. 哈默梅什(Daniel S. Hamermesh)三位研究者在荷兰一所大学开展的一项研究，也没有发现性别偏见，但结果显示，教师们会在不歧视其他国籍的学生的同时，偏爱自己国籍的学生。[②]

看来，解决评分偏见问题的办法是盲评。也就是说，如果知道批改的是谁的作业会令我们更容易出于无意识的偏见而影响评分的客观性，那么我们就不应该知道批改的作业是谁的。有些大学会要求学生匿名提交作业，这样教师就没法知道自己在给谁的作业打分了。

可以肯定的是，我们每个人都会有一些偏见，这些偏见会影响我们对学生的评分。因此，对于某些课程和作业来说，盲评是一种很好的解决方案。可是，知道我批改的是谁的作业会对我的教学有好处，我还不想放弃那些好处。

如果我采取盲评策略，我就无法通过一项项作业，去了解某个学生在整个学期中的进步情况了，也无法根据每位学生在具体技能上的进步情况来调整我的评分了。此外，我还得停止在课堂上就学生作业的构思给出反馈。因为一旦我提前了解了学生的构思，学生就没法匿

① Phil Birch, John Batten, and Jo Batey, "The Influence of Student Gender on the Assessment of Undergraduate Student Work," *Assessment & Evaluation in Higher Education* 41, no. 7(2016):1065 - 1080.

② Jan Feld, Nicolás Salamanca, and Daniel S. Hamermesh, "Endophilia or Exophobia: Beyond Discrimination," *Economic Journal* 126, no. 594(2016):1503 - 1527.

名了。学生也不能再到我的办公室来跟我讨论他们的论文;因为一旦他们向我透露他们的问题,我就没法盲评了。

盲评会产生一种负面作用,那就是将我们在学生作业上给出的正式反馈(例如写在论文页边空白处的反馈),与我们应该持续提供的非正式反馈隔绝开来。盲评会将我们对学生作业的反馈,与学生的大量课堂表现隔绝开来,大大妨碍我们开展形成性评估。我也认同评分偏见是个问题,但盲评要牺牲的东西实在是太多了。

至少对我来说,评分既是一种教学工具,又是一种评估工具。每项作业都是学生学习的机会,而我们针对各个学生的个性化反馈,则是这个机会的重要组成部分。我们应尽可能公平、客观地评分。但要确保我们能明智地做到这一点,我们需要格外留心。否则,我们可能就会忽视这样一个事实,即我们在评分时仍然是教师,而论文作者仍然是我们的学生。

除了盲评之外,我还能如何消除我在评分时的偏见?

正如我在第七章中详细讨论的那样,我们每个人都有隐性的偏见,我们自己看不到这些偏见。如果你像我一样,不愿意为了盲评改变自己的教学方法,那么你可以采取一些相应措施,让自己在评分时尽量减少偏见。这里有一些小技巧:

- 评分时遮住学生的姓名。是的,学生的作业是你帮助他们一起完成的,因此学生交上来的作业并不算是真正匿名的。但是,如果能在批改作业时遮住姓名,你就可以将注意力更多集中在作业上,而不是学生身上。大多数学习管理系统都允许学生匿名提交作业；利用这一技术优势，试着让自己不知道作业是谁写的。

● 根据问题或章节打分，而不是根据学生打分。丹尼尔·卡尼曼（Daniel Kahneman）在《思考，快与慢》（*Thinking, Fast and Slow*）一书中指出，当他给学生打分时，他会偏爱那些在第一个论文题上表现出色的学生。“机制很简单：如果我给某个学生的第一篇论文打了高分，那么之后每当我再读到他含糊不清或模棱两可的陈述时，我都会对这个学生手下留情。”光环效应解释了为什么我们会倾向于给那些一开始表现出色的学生打更高的分数，当我们给某一位学生打分时，光环效应会影响我们的判断。卡尼曼的解决方案简单、易学：先给所有学生的第一个题打分，再给所有学生的第二个题打分，以此类推。[①]

● 提前明确你的评分标准。认知偏见往往会填补不确定性留下的空白——当我们不确定该给某位学生打多少分时，我们就会依赖其他线索，比如该学生以往的表现，来帮助我们做出决定。想一想你心目中的A等作业需要符合哪些标准，最好把这些标准写下来，这可以帮助你在评分时保持头脑清醒。尽可能多地提醒自己你的标准是什么，并向自己解释你给每份作业打分的理由是什么。

成绩是教育系统中的必要之恶。在许多情况下，做一位评定者

① Daniel Kahneman, *Thinking, Fast and Slow* (New York: Farrar, Straus and Giroux, 2011), 83.

（决定学生成绩的人）似乎会妨碍教师扮演教练（与学生合作，帮助学生学习并敦促学生尽最大努力的人）的角色。成绩是一种外在的评价，似乎与内在的动力背道而驰：学生一旦依照我的标准来衡量自己的学业进步情况，就很难再形成自己的标准了。

但对于我们大多数人来说，我们必须给学生打分，因此我们必须想办法让成绩在以学生为中心的课堂上发挥作用。把成绩看作反馈吧，它只是我们可以用来帮助学生修正理解的一种反馈。学生们会将成绩视为衡量其学业进展的重要指标，这完全可以理解，但我们不必如此。不管学生是否会将成绩视为一种总结性评价，作为教师，我们都应该利用成绩的形成性作用，帮助学生塑造其行为，鼓励学生从错误中吸取教训。

第六章

今天我们要做什么：强调过程

刚入职的教师会在塑造教学角色方面得到很多建议，其中有不少建议会令人感到困惑。你该如何在课堂上展现自我？半数时间里你会得到“做你自己”的建议，就好像“自我”是一个稳定而为人知晓的实体，无论在什么情况下都能保持不变。也有人会建议新教师戴上权威的面具，或者建议新教师去模仿自己求学经历中最喜欢的老师。但是，这些方法往往都忽视了这些面具并不适合所有面孔，并不是每个人都能自在地假装成另一个人。

我认为，这两种建议都错把重点放在了身份上。试图让自己扮演另一个人，这既不容易，也不可取。有一个更好的做法，那就是试着改变你的行动。把你的教师角色看作是由你——出于特定的原因——深思熟虑后的选择（选择在课堂上采取怎样的行为方式）所构成的，这比试图做某种类型的教师有用得多。如果指引你塑造教师角色的是行动，而不是身份，你就可以选择那些行动来进一步实现你的教学目标。这与你是什么样的人关系不大，而与你想搭建什么样的课堂关系更大。

同样的逻辑也适用于我们的学生。如果我们给自己设定的任务是改变学生其人，那我们几乎必然会失败。反之，如果我们把教学看作是改变学生行动的挑战，那么教学工作就会变得更加具体可行了。我们需要让自己持续关注——并鼓励学生持续关注——学生的选择和行动。这样一来方能确保，无论我们想让学生学会做什么——不管是解复杂的方程式，设计计算机程序，还是写出让人印象深刻的文章——他们都能在日后将所学技能应用到各种新的情境之中。

本章提供了一些强调过程的方法，既涉及你要如何看待自己作为教师的角色，又涉及你的学生要做些什么。注重过程可以确保学生能学到更多东西，而不局限于在某一次作业中取得好成绩，这也呼应了前文所说的我们应该优先关注技能，然后再关注内容。

示范信心和愚蠢

1961 年，斯坦福大学的心理学家阿尔伯特·班杜拉（Albert Bandura）做了一个著名的实验。他让年幼的孩子在一间堆满玩具的房间里，观看大人们与充气玩偶波波的互动。其中一半孩子看到一个大人对玩偶做出了带有攻击性的举动：用木槌击打、敲打和攻击这个手无寸铁的玩偶。另一半孩子则看到一个大人在和波波友好互动，就像孩子的父母会希望看到的儿童玩耍那样。然后，所有的孩子被留在房间里，和玩偶单独待在一起。孩子的行为结果并不让人感到惊讶：看了攻击性互动的孩子，自己也更有可能表现出攻击性；而另外那些孩子则跟玩偶玩得很融洽。[1]

班杜拉帮助开创的新思想解释了这一结果，该思想被称作“社会学习理论”（“social learning theory”）。该理论颠覆了我们对认知的理解方式，它表明，学习并不完全取决于威胁惩罚或承诺奖励。社会学习理论及其后继理论“观察学习”（“observational learning”）认为，我们在很大程度上是通过观察他人来学习如何行动的。这一观点在今天很常见，并影响着从广告（广告会展示名人使用某个产品）到心理治疗（心理治疗师会示范如何谈论某个问题）再到育儿建议行业（不妨试着找找有没有哪本育儿书不建议给孩子示范恰当的行为）等各个领域。[2]

我们在课堂上做的几乎每一件事——我们说话的方式，我们如何使用技术，我们对学生有什么要求——都会在某种程度上为学生树立榜样。不妨思考一下你想为你的学生树立什么样的榜样。这需要你先想一想你希望学生能做哪些事情。

在课堂上，你首先要示范的是你对课程本身有信心。许多学生在来上你的课时，只读过课程介绍，不了解其他信息。在学期初，你要让学生信任你，相信你设计的学习体验最终会对他们的人生有益，这一点很重要。你要要求他们做一些事——努力学习，正视自己的缺点，修正自己之前的错误认识。你要让他们有理由相信，他们不会在课上

---

① Albert Bandura, Dorothea Ross, and Sheila A. Ross, “Transmission of Aggression through Imitation of Aggressive Models,” *Journal of Abnormal and Social Psychology* 63, no.3(1961):575－582.

② 有关观察学习的研究史，请参阅 Mitch J. Fryling, Christin Johnston, and Linda J. Hayes, “Understanding Observational Learning: An Interbehavioral Approach,” *Analysis of Verbal Behavior* 27, no.1(2011):191－203.

白费力气。我在第二章中写了很多让学生接受我们的课程的方法。你要表现出你有信心，这样你的课程会有一个很好的开始。

当你示范了（你对课程）“有信心”后，你就可以开始考虑给学生示范“无把握”了。很多学习经历都源于我们意识到自己能力不足，我们认识到自己知道得还不够多，或者练习得还不够多，或者做事的方法不对。因此，一个一生从未犯过错误的教师并不是一个好榜样。

2010 年，罗诺克学院的数学、计算机科学和物理学副教授马修·弗利诺（Matthew Fleenor）在“教学聚焦”（Faculty Focus）网站上发表了一篇文章，讲述了他是如何在课堂上“示范愚蠢”的。[①] 他的文章基于 2008 年马丁·施瓦茨（Martin Schwartz）在《细胞科学杂志》（*Journal of Cell Science*）上发表的一篇文章，那篇文章题为《愚蠢在科学研究中的重要性》（“The Importance of Stupidity in Scientific Research”）。施瓦茨认为：“我们越是乐于犯蠢，就越能深入未知的领域，也越有可能取得重大发现。”[②]事实上，提出一个看似无法回答的问题，往往是获得真正学术成就的第一步。弗利诺认为，作为教师，我们应该寻找机会展示我们的无知，以帮助学生学会应对没有答案的境况。

弗利诺的研究领域是星系环境和进化，因此，当他教授高等天体

---

① Matthew Fleenor, “Responding to Student Questions When You Don’t Know the Answer,” Faculty Focus, October 1, 2010, https://www.facultyfocus.com/articles/teaching-and-learning/responding-to-student-questions-when-you-dont-know-the-answer.

② Martin A. Schwartz, “The Importance of Stupidity in Scientific Research,” *Journal of Cell Science* 121, no.11(2008):1771.

物理学课程时，课上会出现大量超出他研究范畴的内容。他写到，曾经有一堂课的主题是“与黑洞相互作用的双星系统”。当学生提出疑问时，他无奈地承认自己并不知道所有答案。这么做看似失败，实则却提供了一个机会：“通过主动承认我不知道答案，但愿意寻找答案，我得以向学生演示了如何搜索《天文学和天体物理学年鉴》(*Annual Review in Astronomy and Astrophysics*)中的文献，如何检索相关标题，仔细阅读文章，获取相关图表和文字信息。”弗利诺的即兴发挥，不仅向学生展示了具体的方法——当面对天体物理学难题时该怎么做——还向他的学生表明，无知并不是什么需要隐瞒或感到羞耻的事情。我们的无知可以成为发现的动力，让我们知道自己还需要继续学习。

许多新入职的教师在面对一屋子本科生时会感到缺乏自信，认为如果承认自己没有把握的话，会让学生产生抵触情绪从而认为自己不再需要听从教师的教导。但是，承认自己无知并不是软弱的表现——隐藏自己的无知才是。当你承认自己不知道某些事情，并为此采取行动时，此时你的自信程度要远远超过你假装知道所有事情时的自信。这样的自信，会激励学生以同样的方式面对他们自己的无知。

你要寻找机会展示自己的无知，引导学生觉得“犯蠢”没什么大不了。然后，你可以利用这些机会，给学生指出他们可以如何通过研究、推理或实验来弥补自己的无知。

示范学术行为

你还可以在教学中给学生示范各种更具体的学术实践。朱莉·

格拉斯(Julie Glass)也曾在“教学聚焦”上撰文,介绍她是如何将教学文档转化为学术文档的。格拉斯写到,在她的教学大纲末尾,她会在“参考文献”页上既列出对讲课内容有帮助的参考资料,也列出对她的教学方法有影响的教学类文章。[①] 在教学时,我们要确保一旦自己引用了他人观点,则应注尽注,哪怕是非正式地引注,以此来引导我们的学生恰当地进行学术引用。

但是,有一些最重要的学术行为却很难向学生展示出来。正如洛约拉马利蒙特大学的哲学教授杰森·贝尔(Jason Baehr)所写的那样:“如果我们想为学生示范理智德性,就必须想办法让他们了解我们是如何思考的。”贝尔所说的“理智德性”(“Intellectual virtues”),是他认为教育可以让学生培养出的各种个性特质,而他认为,完成这一任务最有效的一种方法,就是让学生了解我们是如何思考问题的。[②]

贝尔注意到了亚里士多德关于人们通过实践获得德性(virtue)的论点,他敦促大学教师不仅要努力提升理智德性——比如好奇心、开放的心态和理智勇气——还要思考这些德性对应的习惯性行为是什么。贝尔认为,每种德性都有一种“特有的活动”,即与实践该德性相

---

① Julie Glass, “Modeling Scholarly Practice Using Your Syllabus,” Faculty Focus, December 6, 2013, https://www.facultyfocus.com/articles/faculty-development/modeling-scholarly-practice-using-your-syllabus.

② 贝尔撰写了大量关于理智德性的文章,作为他在洛约拉马利蒙特大学领导的“理智德性教育”项目的研究成果。读者可能会对他为大学教师自行出版的电子书特别感兴趣:Jason Baehr, *Educating for Intellectual Virtues: An Introductory Guide for College and University Instructors* (self-pub., 2015), https://jasonbaehr.files.wordpress.com/2013/12/e4iv_baehr.pdf.

对应的行为方式。例如，他写到，“好奇心涉及提出深思熟虑的、富有洞察力的问题”，而“理智上的谦逊则涉及意识到并愿意‘承担’自己的理智局限或错误”，如此等等。① 如果我们能想一想我们希望在课堂上示范哪些特质，并想方设法通过我们的行为让这些特质显现出来，那么我们就能向学生展示出我们所重视的特质，比如开放的心态、好奇心或严谨等，而不仅仅是在口头上告诉他们。② 我们在学生面前的行为会透露出一个隐含的观点：这就是一位学者的行为方式。

贝尔认为，大部分示范工作都是通过把思考展示出来的方式完成的。如果我们承认我们要教学生如何以不同的方式思考问题，那么，我们就应该先在学生面前给他们示范这番思考。贝尔认为，我们应该“明确地提出问题，提出假设，认真思考不同立场的观点，承认自己不了解某些事情，寻求和交流各种解释，等等。这样一来，我们就可以为学生打开一扇窗，让他们看到我们是如何思考的”。③ 对很多教师来说，这是一个很大的转变：与其假装自己知道一切，不如让学生看到，你在教学的同时还在思考。要让学生看到，你并不总是知道下一步该做什么，你的阐释也只是一种假设，你和他们一样没有把握。你要让学生了解你的思考过程，这样他们才会开始了解自己的思考过程。

---

① Baehr, 20.

② 正如我在第七章中所讨论的，如果我们教授的是在政治上有争议的话题，那么给学生示范开放的心态或许尤为重要。

③ Baehr, *Educating for Intellectual Virtues*, 33.

示范具体的学术工作

每个学期，至少在一次课上，让学生学习一篇来自你的学科的学术论文。你可以让学生分析这篇文章，不仅要分析文章内容，还要分析文章作者是怎么做的，把这作为一项课堂活动。在自然科学领域，你可以重点关注方法部分，要求学生思考作者为什么要这样做，为什么要做出某个特定的选择。向你的学生展示“真正的”科学家做了什么，这么做可以让学生将课堂上的实践活动，与课外的科学发现联系起来。不管你属于哪一领域，你都可以关注论文作者所研究的问题，也可以关注该作者的写作方式，还可以关注这篇文章是如何参考已有文献的。所有这些视角，都能帮助你向学生传授如何实际开展这些学术实践活动。

我曾在修辞学课堂上给学生展示了著名作家的文章草稿，成功地示范了作家的做法。我用了 E. B. 怀特（E. B. White）1969 年发表在《纽约客》（*New Yorker*）上关于登月的文章草稿，来教学生如何修改文章。这些草稿发表在斯科特·埃利奇（Scott Elledge）1984 年出版的怀特传记的附录中，展示了作家是如何仔细地修改落到纸上的想法的。[①] 通过在课堂上认真学习，我和我的学生们看到了怀特的思想是

---

① Scott Elledge, *E. B. White: A Biography* (New York: W. W. Norton, 1984):359-367. 我是从哈佛大学写作中心网站上的一篇文章中了解到这些草稿的：Laura Saltz, “Revising the Draft,” Harvard College Writing Center, accessed March 23, 2019, https://writingcenter.fas.harvard.edu/pages/revising-draft.

如何形成文字，表达上又是如何一步步变化的。我以此直观地向学生们展示出，哪怕是著名作家也需要做大量修改工作，以让自己的想法被清晰、有效地表达出来。

只要你在自己所属领域遇到有人在反思其工作过程，你就把它归档存起来当素材，留作日后上课使用。你的学生需要有人给他们示范如何成为一个学者。当然，你自己就可以给学生做学者行为的示范。

找机会在课堂上谈谈你自己的学术成果——不是为了炫耀，而是为了给学生提供更多学术行为的范例。我还记得第一次给学生看我写的文章的草稿的情景。当时我想教学生修改文章的方法，但我想不出如何能让他们明白修改对写出好文章来说很重要。无计可施之下，我翻出了我以前为“维泰”撰写的一篇专栏文章的草稿。我把它投影出来给学生看了。当时我觉得很尴尬。但很快我就意识到这一堂课是多么的宝贵。我向学生承认了我的尴尬，告诉他们我觉得这篇稿子写得不太好，并询问他们应该如何修改才能让其更好。在学生提出建议的同时，我也在思考完善文章的各种方法，我一边打字一边把我的想法说出来，当着学生的面修改草稿。如此修改了十来分钟后，我拿出了已发表的文章版本，解释了我最初修改文章时的想法，并将已发表的版本与我们在课堂上改出来的版本进行了比较。

然后我问学生：我们的修改依据是什么？我们提出了哪些问题？我们想达到什么目的？通过这样的讨论，我把学生的注意力拉回到了他们自己的写作上。当然，我并不是要把我的整班学生变成一支编辑大军，帮助我改进我的写作。相反，我的草稿是学生们的实例教材，我是牵着学生们的手，带他们了解我的修改过程，然后让他们尝试修改自己的文章。

我的课程涉及写作、阅读和批判性思考等基础学术任务，这当然能帮助我如此上课。但我的这一做法可以应用于任何学科，只要你把重点放在过程上而不是结果上。例如，自然科学或社会科学领域的教师，可以带领学生参与你自己最近的一项研究，告知学生该研究的已有进展和现存挑战，以及研究人员该如何做出能真正影响研究结果的决策。向学生展示真正的学术研究是如何完成的，并引导他们了解你在研究中采取的独特方法，这么做是在身体力行地给学生做示范，指引学生去解决他们自己的智识问题。

你还要让学生知道，你们在课堂上讨论的这些东西都是有意义的。课堂外面有一个世界——你的世界——在那个世界中，他们在论文和考试中表达出来的观点很重要，即便只是对他们那位无聊的教师来说很重要。如果你的学术研究与你的教学领域相关，那就更应该这么做了。在那种情况下，你不仅可以示范一般的学术实践，还可以示范你所在领域的各种具体的实践。

因此，要想办法把你最近正在做的研究带到课堂上：一篇期刊论文、一项实验，甚至是一份项目申报书。你不必让学生关心你的工作。但如果你能让学生看到你关心你自己的工作，也许你就能教会他们关心他们自己的学习。

鼓励学生注重过程

除了关注我们自己的研究过程之外，我们也要鼓励学生把精力投入到那些甚至对课外生活也有益的学习过程中，这么做是有好处的。学生关心自己学业表现的结果，这是可以理解的——教师要根据结果给他们打分。但是，如果可能的话，我们应该尽力引导学生关注过程，关注完成作业的方式。有个办法可以做到这一点，那就是在课堂上重视尚未完成的作业。

教书超过一两个学期有一个好处，那就是你能积累大量的学生作业，这些作业可以成为你教学的秘密武器。学生的作业可以让我们了解他们对教学的反应；还可以为未来的学生提供一个窗口，让他们看到之前的同龄人是如何完成你布置的作业的。正如我在第四章讨论学生写作教学时提到的，在课堂上匿名使用学生作业之前，你应该提前征得相关学生的同意。

我经常会做一件事，那就是向学生展示一位往届学生的草稿。我还记得第一次这样做时的情景。当时我想让学生思考论文的引言该怎么写，于是我找到了一位往届学生的草稿，把她的文章开头投影在了屏幕上。我告诉班上的学生，这是该学生第一次尝试写文章开头，我想请他们读一读并提出批评意见。接下来发生的事情令人难以置信。平时安静的学生突然活跃了起来。这些学生一改往日睡眼惺忪的沉默模样，围绕这位作者应该如何写好这个段落，提出了各种富有创造性的建议。他们很高兴能有机会“校正”这位匿名的同龄人的文章。

从那天起，我经常在课堂上使用往届学生作业——一方面，这样我就可以讨论具体的例子，而不是泛泛而谈了，另一方面，该学生的写作毋庸置疑与眼前学生的写作是类似的。我可以直接给班上学生指出他们会在写作中面临什么样的特定挑战。学生自然而然会对看到的往届学生作业产生熟悉感,无需我特别指出这一点。这种策略可以很轻松地应用到写作强度较低的课程中。为什么不向学生展示往年考试中的错误回答呢?把学生分成小组,让他们分析往届学生的解题方案,找出其中的关键错误。或者,谈谈往届学生在设计实验时常犯的错误。了解往届学生在哪里出了错,为什么会出错,对现在的学生来说也是个学习的机会。你教过的学生越多,你就会越了解学生做作业的过程;把你了解到的信息传达给你现在的学生,让他们从中学习。

你还可以想其他方法来引导学生对自己的学习过程进行元认知。与第二章中写到的各种小技巧一样,这些策略的目的是让学生思考他们的思考——但在这里,我更侧重于让学生思考他们的行为。

让学生用第一人称写作

我给修辞学课的学生布置的研究论文,有很多与众不同之处。学生得自己想选题(目的是让他们想出一个自己真的想知道答案的问题),通过各种传统和非传统的手段(包括与他们能找到的任何专家交谈)去探索问题的答案,然后撰写并提交一篇关于他们搜索结果的叙述(而不是传统的论述性论文)。但在所有这些挑战中,令学生感到最棘手的那个挑战,可能会令人感到很惊讶:他们必须以第一人称去写作。①

学生向我抛出了很多问题:怎样才能在以第一人称写作的同时,

---

① 我的论文是肯·麦克罗里的"爱搜索"("I-Search")论文的一个变体,他在《探索写作》(*Searching Writing*)一书中对其展开了详细论说(Upper Montclair, NJ: Boynton/Cook, 1984)。

还能保持客观呢？把他们是如何开展研究的故事写出来，会不会写得像是某种奇怪的日记？许多学生，尤其是那些高中时成绩优秀的学生，对这一要求深感不安。他们中的大多数人在高中时都被要求不要使用第一人称去写作。对他们来说，使用第一人称会让他们联想起小学三年级的“创意写作”作业：《我的暑假生活》。他们不明白写作如何能既是个人的，又具有学术性。

并非只有一年级的本科生抵触使用第一人称去写作。在我教的一门研究生写作课程中，以及在校园写作中心的研究生辅导课上，学生的反应都差不多。很多研究生，尤其是自然科学领域的研究生，不愿意在写作中使用第一人称，有些研究生的导师还明确禁止学生使用第一人称。

但是，用第一人称写作对学生有很多好处，而且在学术写作中使用第一人称也不像以前那样是一种激进的选择。

海伦·索德（Helen Sword）在2012年出版的《风格化的学术写作》（*Stylish Academic Writing*）一书中指出，使用第一人称写作的情况比你想象的要普遍得多——是的，甚至在自然科学领域也是如此。她发现，在医学、进化生物学和计算机科学等领域的重要期刊中，人称代词的使用非常普遍，但她发现只有一本期刊（历史学的）完全禁止使用第一人称。她指出，社会科学和自然科学领域的文体指南，长期以来都鼓励使用第一人称“我”或“我们”。①

---

① Helen Sword, *Stylish Academic Writing* (Cambridge, MA: Harvard University Press, 2012).

然而，根据我的经验，许多自然科学专业的研究生仍然被教导说，使用第一人称会削弱客观性，而客观性是科学家合法性的标志。事实上，文章的主观性和客观性与你选择使用什么人称代词毫无关系。要举出用第三人称写主观的文章的例子（“实验结果表明，患自闭症与打疫苗有关”），和举出用第一人称写客观的文章的例子（“我们用形态测量分析法测量了板障[diploë]的厚度”）都很容易。总是坚持使用第三人称，就是在假装研究者和作者不存在，假装学术研究“凭空发生了”。那不是客观性，那是在假装。

对任何学科的学生来说，第一人称的价值就在于戳穿这种错觉。当学生以第一人称写作时，他们必须面对自己参与了写作这一事实。他们必须承认，哪怕只是微妙地承认，这是他们的文章。这能促使学生对自己的文章负责。以第一人称写作可以让学生明白，正是因为他们在场，所以他们需要保持客观性。这一点在科学、技术、工程和数学领域尤为重要。这些学科的学生如果假装自己不存在，就无法做出客观的学术成果；他们必须承认自己有偏见，了解自己的存在会如何影响他们的研究，并向读者表明，他们正尽其所能来减轻这种影响。

最重要的是，练习用第一人称写作可以鼓励学生将自己视为学者。如果学生觉得使用第一人称很奇怪、很不自在，那就表明他们认为学者的身份与自己的身份不符。（“我可不是一位严肃的研究者；我只是个孩子。”）这种距离感会阻碍学生学习。他们得明白，真正的学者都是真实的人——是研究学术问题并撰写相关文章的人。我的作业给了学生一个机会，让他们练习讲述自己作为学者的故事。学术实践也只是一种实践，我们越早让学生将自己视为学术实践者（无论是多么羞怯的学术实践者),他们就越能尽早摆脱我们,开始为自己而学。

如果你不能完全放心让学生以第一人称完成各项主要作业,那么你可以要求他们以第一人称进行反思性写作,这么做也可以达到同样的目的。乔迪·希普卡在她的《迈向整体性写作》(*Toward a Composition Made Whole*)一书中,提倡使用她所说的"目标与选择说明"("statements of goals and choices",简称 SOGC)。[①] SOGC 是一种"过程性文本",是学生在完成常规作业的同时必须完成的一项元作业(meta-assignment),它要求学生反思自己完成作业的过程。希普卡的 SOGC,顾名思义,要求学生写出他们在完成作业过程中的特定目标(除了教师要求他们做的事情之外),以及他们为努力实现这些目标而做的选择。希普卡的想法建立在唐娜·勒考特(Donna LeCourt)想法的基础之上,后者认为,反思可以"使无形的东西变得可见,从而让人采取不同的行动",希普卡在此基础上写到,SOGC 为她的学生提供了"一种动力,令他们去思考自己的文章会如何、为何、何时以及对谁产生意义"。[②] 对于任何一项比考试复杂的作业,你都可以要求学生写这样一份文档。让学生提交他们的 SOGC 以获得成绩,将 SOGC 成绩纳入该项作业成绩中,或将其作为该学期家庭作业成绩的一小部分。

---

① Jody Shipka, *Toward a Composition Made Whole* (Pittsburgh: University of Pittsburgh Press, 2011), 113 - 117.

② Donna LeCourt, "Critical Pedagogy in the Computer Classroom: Politicizing the Writing Space," *Computers and Composition* 15, no. 3 (1998): 278; and Shipka, *Composition Made Whole*, 116.

再强调一遍，我们的目标是帮助学生更好地了解自己的学习过程。学生们要完成课堂作业；我们的一部分工作就是帮助他们更加有意识地完成作业，关注他们是如何完成作业的，以便他们在课后能够继续完成（并不断改进）。

参与日志

下面这个策略，是我在尝试解决一个长期存在于主动学习课堂中的问题时发现的，这个问题就是：该如何记录和评估学生的参与情况？

如果我们希望学生在课堂上学有所获，学生就需要参与课堂活动。但评估学生的课堂参与情况真的是个非常困难的挑战。虽然围绕教与学的学术研究，往往会严格地将"参与"定义为课堂讨论，但在许多课堂上，学生参与课堂的方式有很多：写作、做实验、研究，以及为小组活动做贡献，等等。那么我们该如何准确地、客观地衡量某一位学生在整个学期内的参与情况呢？我们该如何记录成百上千位学生的参与情况呢？我们如何能做到不带有偏见？

答案之一是，让学生自己评估自己的参与情况。托尼・多坎-摩根（Tony Docan-Morgan）是威斯康星大学拉克罗斯分校的传播学教授，他在2015年撰文介绍了他要求学生填写的"参与日志"（"participation logs"）。[①] 他会发给学生一个Word文档模板，让学生在模板的空白处记录自己在课堂讨论中的贡献，记录自己如何参与了小组学习，并更广

① Tony Docan-Morgan, "The Participation Log: Assessing Students' Classroom Participation," *Assessment Update* 27, no.2(2015):6-7.

泛地反思自己在课堂上的活动。学生根据自己的时间填好日志，提交给教师。多坎-摩根是在期中和期末收集日志的，但我认为，如果教师能每两周要求查看一次日志，可以鼓励学生更频繁地更新日志。

如果你不采用模板形式，那么也可以给学生布置一项作业，让他们思考并写下自己在课堂上的表现，这也能积极鼓励学生关注自己的学习行为。这样的作业可以让你更全面地了解课堂上发生了什么，帮助你评估学生的参与情况，而这对学生来说可能比对你来说还更有价值。这样的作业为学生创造了一个空间，让他们能反思自己为什么要在课堂上做那些事。他们必须思考怎样做才是有意义的贡献，主动参与究竟意味着什么？他们希望如何利用课堂时间？

多坎-摩根报告说，根据他的经验，学生填的日志大体上是准确的。他把这归功于他会定期提醒学生他正在监督他们的参与情况。但是，由于学生必须密切关注自己的贡献，因此教师几乎并不需要扮演“参与警察”的角色。

与本书中的所有策略一样，这项作业的作用，是将学生的课堂表现提升为值得学生思考和学习的东西。课堂参与并不是学习的附属品；在很多情况下，它**就是**真正的学习。引导学生思考如何参与讨论，如何设计下一步实验，甚至如何在讲授式课程中更有效地做笔记，都会让学生受益良久。

教学生理解规则

我几乎总是以写作提示开始一堂课。我会给学生提一个具体的问题——通常，但不总是，与当天的阅读材料有关——并要求学生在上课的前 5 分钟写出一个回答。他们不必提交回答，只需要写出回答。这是一个开启课堂的好方法，可以给学生留出开始思考的空间。

有一天，我让学生写下一条他们认为令人困惑的或毫无意义的，但又必须遵守的写作规则。写完后，我问全班学生都想到了哪些规则。学生以惊人的速度展开了讨论，并说出了许多想法。似乎每个学生都有迫切想了解的有关写作规则的问题——尽管有些学生只是想知道我“允许”什么（“你看重格式之类的东西吗？”）。

事实证明，谈论写作规则非常有助于深入探讨写作的意义，以及成为写作者的意义。我们很快就开始讨论什么时候最该用第一人称写作（见上文），讨论令人望而生畏的五段式写作的诀窍，以及为什么有些老师会要求主题句必须是一个长句。各项规则——每个学科都有其规则——对于讨论学生的写作过程来说，是一个格外有用的切入点。你会惊奇地发现学生在求学过程中被灌输了多少规则，又花了多少心思去遵守这些规则。我们可以充分利用这一点。

我的大多数学生在来上我的课之前，都被告知写作不过是遵循一系列规则。这种重视规则的高中写作教学方法带来了很多问题，比如学生被生硬地灌输了那些死板的条条框框。不仅如此，教师在教给学生这些规则时，往往不顾语境，不做解释。“规则就是规则”，仅此而已。例如，我的学生都非常熟悉五段式写作形式，但他们都不知道这种形式是如何以及为什么会成为高中作文的标准形式（这种形式之所以会成为标准形式，与其说是因为它能给学生写作带来什么特殊益处，不如说是因为这么写便于教师评分）。

学生们只是因为老师告诉他们要遵守规则而去遵守规则，他们对规则的作用和历史一无所知。这就使得学生感到规则是陌生的、外在的——是学生应该去遵循但不一定理解的东西。遵守规则就好，遵守规则就不会有任何麻烦了。

我们应当把规则当作一个机会，用来转变学生在面对规则所规定的种种实践时的心态。问问你的学生：这些规则从何而来？为什么有些哲学论点被视为谬误？法语语法规则能说明语言发展的哪些问题？为什么在音乐创作中要避免平行五度？当你的学生开始追问这些问题的答案时，他们就会开始以更复杂的方式，更自主地去思考自己的实践了。质疑规则能削弱规则的威力。通过质疑规则，你可以让学生知道：你并不只是想让他们按你的要求去做；他们要对自己的实践负责，而你想帮助他们变得更加独立。他们需要自行决定要遵守哪些规则，无视哪些规则。

我的很多一年级学生都很担忧正文格式和引用格式，这通常是因为他们不久前曾因论文格式不正确而被老师扣分。因此，学生们很想听听我对应该如何正确引用的"立场"。在学期的前半程，我会告诉他们不用担心这些事情，我不在意他们的论文格式问题，到了写研究论文的阶段，我们再讨论引用格式。

当那一天来临时，我会引导学生展开课堂讨论，讨论的对象不是引用的格式，而是引用本身。我们为什么要引用？引用的目的是什么？为什么我们应该有引用的惯例？当然，我们最终会讨论到格式指南，而那些只想知道句号该放在括号前还是括号后的学生，也会得到答案。但他们也会了解到为什么会有这么多不同的格式指南。（这与不同学科的侧重点有关：被引用的句子原文是什么，语境是什么，这对人文学科来说很重要；研究成果发表的年份对自然科学学科来说更重要。）学生们会了解到引用他人观点的价值，也会明白所有学术工作都具有协作性。这一开始只是一个技术性的问题，最终却能深深触及学术写作的本质。

学习规则很简单，只需在搜索栏中输入几个单词就能做到。学习规则最初产生的原因和方式，则是高阶的知识。学习何时应该遵守规则，何时应该忽视规则，则是更高阶的知识——这是我们应该期望学生能从我们的课程中学到的知识。要努力帮助学生培养灵活性：能够通过深思熟虑的选择来应对各种情境，而不是只会盲目地遵守规则。

无论你属于哪个学科，都要鼓励你的学生去思考他们正在遵守的规则，想一想为什么要遵守这些规则，以及如果他们不遵守这些规则可能会获得什么、失去什么。归根结底，所有学生都需要思考自己的目标是什么，以及如何以最佳方式努力实现这些目标。如果我们能帮助学生更全面地理解他们所学规则的意义，我们就可以帮助他们更加理解那些规则的作用。

教学生打破规则

在学生努力理解规则之后，你可以试着要求学生打破规则，甚至是打破那些你认为他们应该遵守的规则。

我在第四章中介绍了罗莎琳德·德赖弗和她关于学生将先入之见带进课堂的研究。我们必须利用那些先入之见——特别是当它们是错误的时候——来帮助我们根据学生对课程内容的了解，调整我们的教学。对技能的教学也遵循类似的逻辑：如果我们能关注学生在何时何地会犯错，我们就能更加了解如何教他们避免犯那些错误。而如果我们能要求学生故意地去犯那些错误，他们可能就会开始更加注意自己在何时何地会不小心犯那些错误。

杰拉尔德·格罗（Gerald Grow）1987 年在《写作教学杂志》（*Journal of Teaching Writing*）上发表了一篇文章，认为“故意写得不好，或许可以让人有效地学会如何能写得更好，因为知道什么是不好的，是知道什么是好的的基础”。[①] 这篇文章详细介绍了格罗教新闻写作的总体方法：在学期的各个阶段，他会要求学生“出错”——故意打破写作规则，犯错误。他布置过一项作业，要求学生写一页文章，语法错误越多越好。他还给学生布置了一系列写作主题，要求学生写出糟糕的开头段落。还有一次，格罗给学生们列出了好的新闻写作的一系列标准（重点突出、使用事实细节、扩展段落，等等），然后要求学生们“写一篇在每一个方面都极其糟糕的短文”。[②]

这样故意出错的意义是什么呢？

格罗认为，首先，这些练习对学生来说很有趣，有助于缓解他们对失败的恐惧。老师要求他们犯错误；突然间，他们不清楚正确的做事方法，似乎也没什么大不了的。

“做错事”策略似乎对那些抗拒接受教导的学生尤其有效。格罗

① Gerald Grow, “Teaching Writing through Negative Examples,” *Journal of Teaching Writing* 6, no.2(1987):239.

② Grow, 241.

写道:“这种方法似乎激活了自我任性的一面,并为自我赋予了一项任务和发言权:提供反面教材,供全班欣赏和学习。”[①]后面一点——全班学生相互分享彼此故意犯的错,并从中学习——至关重要。格罗布置的每项作业都有一些合作性:学生交换论文,试着纠正彼此的错误,讨论有哪些规则被破坏了,并最终试着以正确的方式去写作。

教学生“做错事”的策略几乎能适用于任何学科的大学课堂。数学系的学生可以提出一个有错误的解题方案,然后看看自己的同学能否发现其故意做错的地方。工程专业的学生可以设计一座只能供两人同行的桥。计算机科学专业的学生可以编写一个运行不了的简单程序。每项练习都可以帮助学生了解“规则”是什么,以及规则为什么很重要。这样做的目的是让学生的错误——以及整个学习过程——暴露出来。特别是,如果任课教师对学生的常见错误了如指掌的话,那么这些练习就可以令学生专注于思考这些错误是如何发生的,它们为什么是错的,以及该如何避免这些错误。

做错事有助于培养学生的技能,这与引出错误观念有助于向学生教授内容知识的道理是一样的。通过让学生写糟糕的文章,或错误地做实验,或错误地解方程式,然后分享这些错误,我们可以让学生反思自己写作、实验或解方程式的过程。一旦学生开始思考这些过程,我们就可以开始帮助他们正确地做这些事了。

① Grow, 240.

第七章

动荡时代的教学

在唐纳德·特朗普(Donald Trump)2016 年当选后的第二天,我安排了 14 场讨论会来帮助学生修改论文草稿。每个讨论会 20 分钟,我通过这些讨论密集地练习了一对一教学。我大声朗读每个学生的草稿,然后与学生讨论我认为他/她应该如何修改。20 分钟后,这个学生离开,下一个学生拿着另一篇论文进来。

那可能是我作为一名教师感到最艰难的一天。那天我睡得很少,对国家的转变感到难以置信,对即将发生的事情感到极度忧虑,尽管如此,我还是不得不调动我所有的精力来应对学生的作业。我也必须与学生们待在一起,他们对前一天晚上发生的事件反应各有不同,有人流泪,有人愤怒,有人显然还根本不清楚发生了什么不寻常的事。

如果说教学一直以来都需要跨越课堂内外的世界,那么近年来,这种跨越变得更加紧迫和艰难了。任何一位教师似乎都不可能再将政治要素拒之教室门外。在我们现在所处的这个世界中,许多我们本以为理所当然能支撑我们实践的东西现在不再理所当然了。当事实在公共话语中不占主导地位时,当不平等现象膨胀到前所未有的程度时，当原先为公众利益而设的机构被公司利益吞没时，当公开的偏执和仇恨愈演愈烈时，我们就无法再以我们一贯的方式去教学了。

在这样的时代，作为教师，我们的工作比以往任何时候都更加重要。我们有机会培养公平、有代表性的民主制度所赖以生存的价值观和技能。批判性思考、阅读、研究、科学素养、包容不同观点，以及尊重地、理性地回应他人观点的能力：修复世界需要具备这些能力的人。我们有机会在课堂上培养年轻人的这些能力。

但是，如此重要的角色也伴随着危险。我们该如何在课堂上应对政治问题？我们该如何帮助学生成长为更好的公民？我们该如何应对这个学术探究的基石似乎在公共领域被贬低的世界？学生的世界也在发生变化，我们该如何努力确保最脆弱的学生也能在我们的课堂上感到安全并继续学习？我们该如何克服我们自身的隐性偏见？我们该如何帮助学生面对这个日益令人忧虑的世界？

本章探讨了这些问题，希望能为我们这个特殊时代提供教学建议。新闻事件似乎在以惊人的速度不断发生，因而在本书出版前大约18个月就写政治话题，这么做或许有些愚蠢。但无论从现在到本书出版之时会发生什么，我都会接受这样一个事实：这些议题——包容性教学的必要性、在课堂上讨论政治事务的难度、公共话语中持续存在的种种谬误——在未来数年里仍将具有现实意义。

包容性教学的必要性

当学术使命的种种核心价值观受到威胁时，思考并捍卫这些价值观就比以往任何时候都更加重要。当大学以外的世界变得越来越反民主、排外、不公正时，人们就更加迫切地需要一所民主的、包容的、重视追求真理和正义的大学。在 2016 年大选后的第二天，哥伦比亚大学的保护生物学讲师乔舒亚·德鲁（Joshua Drew）给学生写了一封公开信，信中写道："你们即将在毕业后进入一个充满挑战的时代。在这个时代，你们的科学知识需要更加扎实，你们的论点需要更有说服力，你们保护自然环境的决心需要更加坚定……你们将不得不提升自己的能力，以在一个不重视你所珍视的信仰的文化中立足。"[①]面对迅速改变我们公共生活的变局，教师也需要提高自己的水平。

即便我们个人无法改变美国政治的现状，我们也可以利用我们作为教师的力量，让我们的课堂变得更加开放、更加平等、更加注重帮助每一位学生学习。正如凯西·戴维森在 2015 年的一篇博客文章中所建议的那样："与其在面对世界的不公时感到不知所措和压抑，不如在你能掌控的领域做一名积极的行动者。"[②]当外面的世界变得越来越不民主时，我们的责任就是让我们的课堂变得更加民主。当谎言在我们的公共话语中泛滥时，我们就必须更加努力地让我们的课程维护真理的价值，坚持基于证据的推理。当当权者致力于强化和维持不公正的等级体系时，我们就必须合理构建课堂结构，让学生在成功的机会面

---

① Joshua Drew, "An Open Letter to My Class," *The Drew Lab* (blog), November 9, 2016, https://labroides.org/an-open-letter-to-my-class.

② Cathy Davidson, "Why Start with Pedagogy? 4 Good Reasons, 4 Good Solutions," Hastac, June 18, 2015, https://www.hastac.org/blogs/cathy-davidson/2015/06/18/why-start-pedagogy-4-good-reasons-4-good-solutions.

前人人平等。

我首先关注的是最后一点，这尤其是因为无论特朗普及其盟友要做什么，所谓的包容性教学(inclusive teaching)始终会对学生的学习有益。戴维森认为，课堂在传统意义上是“这个星球上最不平等的空间之一”，学生的学习条件大多不在他们自己的可控范围之内，很容易出现不公平的情况。① 包容性教学就是要与这种情况作斗争，它要求我们有意识地利用我们作为教师的权威，给每一个学生创造一个更加公正的民主空间。同时，它也能营造某种课堂氛围，让每个学生都更有可能去学习。

什么是包容性教学？对我来说，包容性教学是一种高度重视学生的平等和世界的不平等的教学方法。它是一系列的选择，能确保那些被社会和制度边缘化的学生不会在我们的课堂上被边缘化。美国景轩大学的凯文·甘农(Kevin Gannon)说：“它是一种认识，即传统的教学方法——对教学方法的传统应用——并没有很好地服务于我们所有的学生。”②当务之急是：我们的课堂必须让所有学生都有学习的机会，课堂是所有学生的学习空间，而不是仅仅服务于那些传统上能在高等教育中取得成功的学生。③

---

① Davidson, “Why Start with Pedagogy?”

② Kevin Gannon, “The Case for Inclusive Teaching,” *Chronicle of Higher Education*, February 27, 2018, https://www.chronicle.com/article/The-Case-for-Inclusive/242636.

③ 有关包容性教学的文献正日益增多。以下文献可供了解更多信息：Christine Hockings, “Inclusive Learning and Teaching in Higher Education: A Synthesis of Research,” EvidenceNet, Higher Education Authority, https://www.heacademy.ac. (转下页)

正如残障研究学者主张，关注课堂教学的无障碍性可以改善所有学生的学习条件，同样的，努力确保你的教学具有包容性也会让所有学生受益，而不是只让被边缘化的学生受益。2010 年，卡内基梅隆大学埃伯利卓越教学中心的苏珊·安布罗斯和她的同事出版了一本极具指导意义的书，即前面提到的《学习的机制》。该书从学习科学（心理学、认知科学和教育学研究）的研究中，归纳出并详细论述了有效学习的七大原理，并将它们应用于当代大学课堂的语境中。有关第六条原理——“学生当前的发展水平会与课程的社会氛围、情感氛围与智识氛围相互作用，从而影响学生的学习”——的这一章，围绕课程氛围会如何影响学生的学习，以及为什么包容性教学对于日益多样化的学生群体来说是必要的，做了详细阐述。①

安布罗斯等人将课程氛围定义为“学生学习所处的智识的、社会的、情感的和物质的环境”，他们追随克里斯托弗·德苏拉（Christopher DeSurra）和金伯利·丘奇（Kimberley Church）的观点，认为课程氛围存在于“边缘化”（学生感到被排斥或被阻碍）和“中心化”（学生感到被接纳、受欢迎）之间的连续体上。事实证明，学生怎么看

（接上页）uk/system/files/inclusive_teaching_and_learning_in_he_synthesis_200410_0.pdf; Mathew L. Ouellett, ed., *Teaching Inclusively* (Stillwater, OK: New Forums Press, 2007); Maurianne Adams and Lee Anne Bell, eds., *Teaching for Diversity and Social Justice*, 3rd ed. (New York: Routledge, 2016).

① Susan Ambrose et al., *How Learning Works: 7 Research-Based Principles for Smart Teaching* (San Francisco: Jossey-Bass, 2010), 158.

待课程在这个连续体上的位置，会对他们的学习产生重大影响。① 大量研究表明，对于那些因性别、性取向、种族或民族而被边缘化的学生来说，所谓的不友好氛围会“对学习产生深远的负面影响”。此外，“课程氛围不一定非得公然显示出排斥或敌意，才会对学生产生边缘化的影响”。② 课程中种种隐含的、微妙的元素，会向一些学生传达出这样的信号：他们并不真的属于这里。这项研究得出的结论很明确：学生越是感到自己被课程边缘化，他们就越难获得应有的学习机会和发展。因此，努力确保所有学生在课堂上都能有归属感，这是一件从人性角度出发的正确的事，对学生的学习来说也是件正确的事情。

作为一名教师，你无法掌控课程氛围的方方面面，但你可以做很多事情，来帮助确保你的每个学生都能在课堂上有一席之地。

你可以在教学大纲中定下包容和相互尊重的基调，从开课第一天起就开始强调这一基调。我在教学大纲中明确声明了我期望学生可以如何对待彼此，和如何对待我；我要让他们知道，一个友好的共同体对他们的学习来说是多么重要，我不会容忍任何让人感到不安全、被排斥或被嘲笑的行为。通过在教学大纲中加入这样的声明，我在与学生相处之初就向他们表明了，我非常重视每一位学生的课程体验，我

---

① Ambrose et al., 171; Christopher J. DeSurra and Kimberley A. Church, "Unlocking the Classroom Closet: Privileging the Marginalized Voices of Gay/Lesbian College Students" (paper presented at the Annual Meeting of the Speech Communication Association, November 19-22, 1994, New Orleans, LA), https://eric.ed.gov/?id=ED379697.

② Ambrose et al., *How Learning Works*, 173.

会努力让课堂成为一个能让学生感到足够安全，可以安心做自己的空间。

除了明确解决包容性问题之外，与学生沟通的方式，也会传递出有关课程氛围的强烈信号。当我走过开着门的教室时，我经常会惊讶地听到有些教师像对待三年级小学生一样对大学生说话。居高临下地对待学生，把他们当作对手、员工或孩子，这不利于营造积极的学习环境。要从一开始就尊重你的学生，把学生当作你希望他们成为的学者来对待和交流，这一点很重要。你也可以从教学大纲开始就设定这样的基调。事实上，《学习的机制》一书的作者提醒大家注意：有研究表明，教学大纲的基调会有力地影响学生对课程氛围的感知。约翰·T. 石山（John T. Ishiyama）和斯蒂芬·哈特劳布（Stephen Hartlaub）在研究教学大纲语言时发现，“比起用惩罚性语言表述政策的教师，学生更有可能向用奖励性语言表述相同政策的教师寻求帮助”。[①] 有些研究将这些结论扩展到了师生交流的其他方面：教师如何在课堂上与学生交谈，教师如何给学生的作业提供反馈，教师给课堂设定了哪些政策。[②] 你可以通过用一种欢迎学生加入的沟通方式，来提升学生在课堂上的自在感，让他们能够学到更多知识。要相信你的学生，把他们当作值得信任的人，他们也会证明自己确实值得信任。

---

① John T. Ishiyama and Stephen Hartlaub, "Does the Wording of Syllabi Affect Student Course Assessment in Introductory Political Science Classes?," *PS: Political Science & Politics* 35, no.3(2002):567 - 570.

② Ambrose et al., *How Learning Works*, 176 - 177.

你还可以让你的课程内容更具包容性。所谓的“经典之争”(canon wars)已经过去了数十年,但在许多学科中,人们仍在争论大学课程中应该提及哪些人。简单地说,我们认为哪些人、哪些作品值得研究,会向学生传达一个信息:谁属于我们的学科,谁不属于我们的学科。我们会通过选择重视哪些人和哪些事,来向学生传达重要的价值观。你能突出你的领域中的边缘群体的作品吗?你会不会安排学生去读由女性和有色人种所写的作品?不要只是重复你所学的那个版本的学科知识;要尽你所能,给你的学生树立榜样,让他们知道你的学科还可以怎样更加公正。安布罗斯等人提醒我们,课程的内容不仅仅是课程的阅读材料,也不仅仅只与人文和艺术课程相关,内容“包括了教师在课堂上使用的例子和隐喻,以及我们让学生选择的研究案例和项目主题”。学生会关注我们的课程所包含的内容;他们接收到的信号能让他们判断出,他们是原本就被考虑到了,还是在之后才被想起的。“对于正在培养身份认同感、目标和能力的学生来说,其中有些信息会转化为关于他们的权力、身份和行事能力的信息,并会影响他们对该领域的参与程度及持久性。”[①]再强调一次,我们无法掌控一切。但是我们可以掌控课程的某些方面,比如课程的包容性,比如创建能让每一位学生拥有学习空间的课程的动力,这些我们能掌控的东西,能够帮助我们做出各种决定。

① Ambrose et al., 179.

支持你的学生

要创建一个更具包容性的课堂，就必须把我们的学生当作人来看待。作为大学教师，我们几乎每天都能看到我们的学生，我们能很好地判断出他们是否正处于精神挣扎或情绪挣扎之中。我们不是精神健康方面的专家，但我们可以关心我们的学生，确保他们能得到必要的帮助。以下是帮助学生的三个步骤。

察觉

关心你的学生，寻找痛苦的迹象。你没有受过诊断精神疾病的训练，不会知道某人何时受到了精神疾病的困扰，但你能看得出来某人正处于痛苦之中。或许你察觉到某个学生的卫生状况变差了，也许某个学生突然开始频繁旷课了。只要你留心，你会察觉到的。

询问

如果你察觉到了学生正处于痛苦之中，你要怎么做？询问他们。可以是一封简短的电子邮件，也可以是课后的一次简短交谈："一切都还好吗？我注意到你最近状态不佳。"你不需要越界，也不需要成为专家。问一问就可以了。处于痛苦之中的学生往往就在等待一个可以敞开心扉的人——一个表现出关心的人。

引介

如果学生向你敞开了心扉，请做好准备。我的办公室里有一张单子，上面写着许多可以帮助学生的校园资源的电话号码。研究一下学生可以获得哪些服务，这样如果学生需要帮助，你就可以告诉他们该去哪里。①

隐性的偏见

我们无法掌控的东西，也包括我们自身的隐性偏见——我们自己都没有意识到的倾向和歧视。我们该如何确保自己不会妨碍课堂的包容性？

我们大多数人现在都会欣然接受一个观点，即行为往往是由无意识的态度和刻板印象所驱使的。② 即便如此，如果你向人们指出他们自己也可能存在隐性偏见，对方还是会突然触发防御机制。但是我们确实都有隐性偏见——我们每一个人都有——作为教师，我们必须考虑到这一点。

在我自己的课堂上，我经常让学生想象这样一个世界：80％的国家政治领袖是男性，95％的著名商界领袖是男性，70％的知名科学家

① 与爱荷华大学心理咨询服务中心主任巴里·施赖尔(Barry Schreier)的谈话，启发我提出了这一建议。见 David Gooblar, "How to Help a Student in a Mental-Health Crisis," *Chronicle of Higher Education*, December 7, 2018, https://www.chronicle.com/article/How-to-Help-a-Student-in-a/245305.

② 见"Understanding Implicit Bias", Kirwan Institute for the Study of Race and Ethnicity, The Ohio State University, accessed February 6, 2019, http://kirwaninstitute.osu.edu/research/understanding-implicit-bias.

和工程师是男性，85％的警察是男性。我问学生，如果你在这样的世界中长大，你心目中的权威人物会是什么样的？你一生中一直看到权威职位大多由男性担任，难道不会很自然地将男性与权威联系起来吗？在那些环境下，当其他条件都相同时，你难道不会认为男性比女性更有资格胜任吗？①

当然，这个想象中的世界就是我们自己的世界。帕特里夏·G.迪瓦恩(Patricia G. Devine)是威斯康星大学麦迪逊分校的心理学教授，兼偏见与群体间关系实验室主任，在她看来，反复接触刻板印象正是隐性偏见之所以会形成的原因——可能也是消除隐性偏见的关键所在。

在数十年的研究中，迪瓦恩提出了一个理论，即偏见是一种习惯。② 我们习惯了某些联想——比如说，与白人学生相比，来自边缘化群体的学生会在学习上有困难——当我们与来自该群体的学生接触时，我们就会默认支持这种刻板印象。如果不有意识地去抵制这种自动"激活"，我们就会认为这种联想是真实的。

作为教师，我们要为课堂环境定下基调，要在学术行为方面为学

---

① 例如，2012 年的一项研究表明，研究密集型大学的科学教职人员，在面对实验室职位应聘者的申请材料时，每当申请材料据说来自男性应聘者而非女性应聘者，他们就会认为应聘者的能力更强，值得获得更高的起薪。Corinne A. Moss-Racusin et al., "Faculty's Subtle Gender Biases Favor Male Students," *Proceedings of the National Academy of Sciences* 109, no. 41(2012): 16474 - 16479.

② Patricia G. Devine, "Stereotypes and Prejudice: Their Automatic and Controlled Components," *Journal of Personality and Social Psychology* 56, no. 1(1989): 5 - 18.

生树立榜样。与此同时，我们也要作为受制度支持的权威人物发挥我们的作用，这一点也很重要。我们要评估学生、做出判断、制订规则，并经常要决定谁可以发言以及何时发言。如果我们想认真履行自己的责任，创造一个让每个学生都有平等的机会出类拔萃的课堂环境，我们就需要认真审视自己的行为。我们必须采取一切必要的措施，消除任何可能影响课堂公平环境的因素，包括一切隐性的偏见。

隐性偏见是隐性的——也就是说，甚至我们自己也看不到，这意味着我们对什么是正确的看法可能是错误的。大多数偏爱白人求职者而非资历相同的黑人求职者的雇主，并不认为黑人求职者遭到了歧视，他们也意识不到自己有偏见。如果这些行为仍然是无意识的，它们就会损毁我们的公平感。正如迪瓦恩在 2012 年的一篇文章中所指出的那样，“隐性偏见之所以会持续存在，并成为行为的有力决定因素，正是因为人们缺乏对隐性偏见的个人意识”。[①]

这篇文章详细介绍了迪瓦恩和她的同事领导的一项干预实验，这项实验旨在帮助受试者克服隐性偏见。在那之后的几年里，迪瓦恩在学术界内外领导了许多此类干预活动，并在消除偏见行为方面取得了显著的成功。[②]

---

① Patricia G. Devine et al., “Long-Term Reduction in Implicit Race Bias: A Prejudice Habit-Breaking Intervention,” *Journal of Experimental Social Psychology* 48, no. 6(2012):1267 - 1278.

② 见 Jessica Nordell, “Is This How Discrimination Ends?” *The Atlantic*, May 7, 2017.

消除自身隐性偏见的方法

虽然不是人人都能加入迪瓦恩的工作团队，但我们都可以利用她和她同事的策略，来消除我们自己的隐性偏见。经常进行这些心理练习，可以帮助消除你在不知不觉中持有的一切有害偏见。

● “更替刻板印象”，指的是识别并标记出自己的偏见行为或想法，然后用无偏见的反应取而代之。例如，如果你发现自己在听到一个女学生说她主修物理时表现出惊讶，你可以首先认识到，你的行为很可能受到了“男性更擅长科学和数学”这一刻板印象的引导。然后反思一下你为什么会有这样的反应，并思考下次在遇到类似情况时，该如何不依赖刻板印象做出反应。

● “反刻板印象想象”，指的是去想一想那些打破自身所属群体的刻板印象之人的例子。每当你发现自己不假思索地肯定了一个具有误导性的刻板印象时，你就可以这样做。

● “视角转换”，指的是尝试采用你不属于的群体中的某人视角。比如，想象一下作为一名说西班牙语的移民走进教室会是什么样子，这能帮助你更好地理解针对移民的刻板印象有哪些影响。①

这些心理练习人人都可以做。所有这些练习都建立在意识的基础之上：你必须先意识到隐性偏见的存在，意识到你自己可能会受到这些偏见的影响，然后才能采取相应措施。

---

① Devine et al., “Long-Term Reduction in Implicit Race Bias”; and “Understanding Bias: A Resource Guide,” U.S. Department of Justice, accessed February 7, 2019, https://www.justice.gov/crs/file/836431/download.

2017年秋天，当我读到有关“优先发言机制”（“the progressive stack”）[①]争议的新闻报道时，我想到了教师在面对自身偏见时所面临的挑战。宾夕法尼亚大学的一名研究生报告说，他因为在课堂上使用了这种教学技巧而被拉出了教室，而这种教学技巧旨在为那些在课堂讨论中声音往往被边缘化的学生提供更多的发言机会。

尽管这种教学法引发了很多争议，但我认为它是一种试图解决教学中的隐性偏见问题的方法。它是在“占领华尔街”（Occupy Wall Street）运动的背景下发展起来的，是一种能将大量同时想发言的人组织起来的方法。在大学课堂上，优先发言机制是在想方设法为来自各个边缘化群体的学生创造空间。如果有很多学生同时举手想要发言，优先发言机制意味着你要先让边缘化学生发言，确保他们能先发言。如果没有这种有意识的干预，那么你所认为的公平分配的发言，可能只会助长一种不健康的社会态势：享有特权的学生可以自由发言，而边缘化的学生则保持沉默。[②] 在面对让谁在课上发言的问题时，我们不妨思考一下参与课堂讨论意味着什么。正如我在第一章中写到的，与其认为让学生发言会让学生感到难堪，认为这是在公开拷问他们的知识水平，不如认为这是在邀请学生加入对话，后一种想法会让教学

---

① 见 Chris Quintana and Becky Supiano, “Grad Student Sounds Alarm over Penn's Response to Online Attacks,” *The Ticker* (blog), *Chronicle of Higher Education*, October 19, 2017, https://www.chronicle.com/blogs/ticker/grad-student-sounds-alarms-over-penns-response-to-online-attacks/120693.

② 关于这一现象的更多信息，请参阅 Sarah L. Eddy, Sara E. Brownell, and Mary Pat Wenderoth, “Gender Gaps in Achievement and Participation in Multiple Introductory Biology Classrooms,” *CBE — Life Sciences Education* 13, no.3(2017):478-492.

效果好得多。从这个意义上说，优先发言机制只是在建议，我们要有意识地努力邀请更多被边缘化的学生参与到课堂讨论中来；我们有责任向这些学生表明，尽管有很多机构说他们的声音不重要，但是对我们来说他们很重要，我们想听到他们的声音。

我们可能永远也无法完全意识到自己有哪些隐性偏见。但是，只要我们愿意假定自己至少持有一些我们的文化带给我们的有害的刻板印象，我们就可以采取各种措施来消除它们。作为教师，我们尤其有责任在这方面做出努力。我们在大学课堂上的角色，要求我们必须努力去实现或许永远也实现不了的理想的公平。第一步是要睁开眼睛，去照照镜子审视自己。

如何（以及为何）关注政治

当我们说在课堂中讨论政治时，我们指的是什么？它可能指的是对政治活动本身的讨论——讨论选举、竞选、政策辩论，现在似乎还包括推文（tweets）。它也可能指的是讨论或探究那些被认为在政治上敏感的议题，无论这些议题是否正出现在当前的新闻报道中。这样一来，我们可以把围绕种族和种族主义、堕胎，或干细胞研究的问题都视为政治议题。不论如何定义，对于这些政治话题，我们首先要问的是**为什么**。**为什么**我们要在课程中加入这些有争议的话题？或者这个问题可以反过来问：为什么我们不把这些话题排除在课程之外？把我们的头低下来，远离这些东西，难道不是更轻松、更安全吗？

一言以蔽之，不是。如果我们的学生能从这些政治话题中学到东西，如果这些话题能帮助学生实现我们的课程目标，我们就不应该阻止自己在课程中加入这些话题。我们不难想象这些话题能如何帮助实现教育目标。探究当前的政治事件，可以让学生了解与课程、世界和他们自身相关的各种问题。探察政治敏感话题，可以让学生了解人类行为、心理状态和人际关系中的潜在问题。如果不提及有关气候变化的政治辩论，你要如何教授环境科学课程？或者如果不提及政府法规，你要如何讲授商业课程？想象一下，如果历史、性别研究、新闻学或经济学课程不涉及任何政治内容会怎样。政治的无边界性——这在某个人看来是理所当然的事情，在另一个人看来可能存在争议——意味着哪怕是计算机科学和工程学等看似与政治不沾边的课程，也可能会涉及政治话题。

因此，与其否认政治可能与你的课程有关，不如想一想，如果出现了政治话题，你要如何应对。

要思考课堂中出现的政治问题，我们就不可避免地要想一想灌输(indoctrination)的问题。如果我们在课堂上引入了政治敏感话题，我们该如何确保自己的观点不会对学生产生不当影响？如果我们不自觉地迫使学生接受了我们的观点会怎么样？灌输思想是一项严重的指控，往往针对的是大学教授，而总体而言，大学教授比普通公众更自由。[①] 希

① 社会学家尼尔·格罗斯(Neil Gross)和索伦·西蒙斯(Solon Simmons)在2007年关于美国教授政治观点的研究中，将44%的教授归类为“自由派”，将只有9%的教授归类为“保守派”。令人惊讶的是，多数受访者(47%)被归类为“温和派”。Neil Gross and Solon Simmons, “The Social and Political Views of American College and University Professors,” in *Professors and Their Politics*, ed. Neil Gross and Solon Simmons (Baltimore: Johns Hopkins University Press, 2014), 25-26.

瑟·马克·唐纳德(Heather Mac Donald)在她2018年出版的《多元化的妄想:迎合种族和性别议题会如何腐蚀大学并瓦解我们的文化》(*The Diversity Delusion: How Race and Gender Pandering Corrupt the University and Undermine Our Culture*)一书中指出,“越来越多的性别研究、酷儿研究和女性研究系”给社会输送了许多毕业生,这些毕业生“将他们被灌输的高深理论带入了联邦和州的官僚机构以及新闻编辑室中”。[①] 多伦多大学的鼓动者乔丹·彼得森(Jordan Peterson)在2017年的大部分时间里,都在谈论创建一所网络大学,希望能“切断对那些疯狂灌输思想之人的供应”。[②] 我在这里引用这些批评者的话,并不是因为我认为他们描绘的高校图景很准确——恰恰相反,我认为右翼对高等教育的批判是异想天开的歪曲——而是因为他们的指责反映了这样一个事实,即所有政治派别的人似乎都同意,教师应该努力避免向学生灌输思想。但究竟什么是灌输?我们又该如何避免灌输思想?

灌输和教育曾经是同义词。1913年的韦伯斯特词典将灌输定义为“对任何科学或信仰体系的基本原理和原则的指导”。[③] 步入20世

① Heather Mac Donald, *The Diversity Delusion: How Race and Gender Pandering Corrupt the University and Undermine Our Culture* (New York: St. Martin's Press, 2018), 166.

② "U of T Profs Alarmed by Jordan Peterson's Plan to Target Classes He Calls 'Indoctrination Cults,'" CBC Radio, November 13, 2017, https://www.cbc.ca/radio/asithappens/as-it-happens-friday-edition-1.4396970/u-of-t-profs-alarmed-by-jordan-peterson-s-plan-to-target-classes-he-calls-indoctrination-cults-1.4396974.

③ Noah Porter, *Webster's Revised Unabridged Dictionary* (Springfield, MA: G. and C. Merriam Co., 1913).

纪很久之后，这个词才被广泛赋予它如今具有的否定性内涵。然而，正如哲学家埃蒙·卡伦（Eamonn Callan）和迪伦·阿里纳（Dylan Arena）在 2009 年所写的那样，灌输“作为一种在道德上令人反感的教学方法的名称，其概念界限并不清晰”。[①] 幸运的是，从卡伦和阿里纳开始，许多教育哲学家都尝试更清晰地定义这一重要概念。

目前已广泛形成的共识强调了灌输的两个基本条件。用埃默里大学的丽贝卡·泰勒（Rebecca Taylor）的话说，那是“思想封闭和权威不对等的结果”。[②] 也就是说，在课堂上灌输思想，意味着我们（a）利用我们的权威（b）促使学生封闭地接受某种信仰。这两点都很重要。

课堂上的权威不对等现象是显而易见的。作为教师，我们拥有所谓的“智识权威”（学生认为我们是专家）和“实践权威”（我们有影响学生成绩、执行规则等等的权力）。[③] 毫无疑问，我们或多或少都拥有这种权力。我们无法逃避我们有权威这一事实，我们只能选择如何使用它。为了避免灌输思想，我们必须时刻意识到我们与学生之间的权威不对等，以免滥用权力，侵犯学生的自主权。我想我无需费力说服你，我们必须避免不道德地使用我们的权威，因为我们的权威来自制度赋予我们的对学生进行评估和打分的权力。除了帮助学生学习和成长

---

① Eamonn Callan and Dylan Arena, "Indoctrination," in *The Oxford Handbook of Philosophy of Education*, ed. Harvey Siegel (Oxford: Oxford University Press, 2009), 105.

② Rebecca M. Taylor, "Indoctrination and Social Context: A System-Based Approach to Identifying the Threat of Indoctrination and the Responsibilities of Educators," *Journal of Philosophy of Education* 51, no. 1(2017): 40.

③ 我接受这种区分，这种区分在教育哲学中显然很常见，见 Taylor, "Indoctrination and Social Context."

之外，把这一权力用在其他任何事情上都是不对的。

我们的权威是不可避免的，正因如此，宣扬封闭的看法才会如此危险，卡伦和阿里纳写道："当有人利用教师和学生之间的权力失衡，向后者灌输封闭的看法时，理性个体应享有的智识自治便受到了侵犯。"灌输不仅仅是向学生宣扬某些看法；如果我们试图改变学生的看法，并且让他们在面对与这些看法相冲突的证据时感到恐惧，或不愿考虑其可能性，那么这也是在灌输。如果我们这么做，我们就剥夺了学生的一些基本能力：独立思考的能力、决定前进方向的能力。

泰勒警告说，灌输式教育会让学生缺乏为自己追求知识的动力，也不会在形成观点时考量可用的证据。学生会成为"思想封闭的行动者"，要么在智识上傲慢自大（他们轻视自己出错的可能性），要么在智识上卑屈顺从（他们不相信自己的智识能力，因此遵从和依赖另一个权威）。[①] 显然，这两种结果都很糟糕。我们希望能帮助我们的学生变得更加自信、更有能力、更有见识。傲慢和卑屈与这些目标背道而驰。

那么，我们该如何避免灌输呢？我们该如何确保自己不是在鼓励思想封闭？有一个方法，那就是关注其对立面：心态开放和智识谦逊。

正如我在第六章中写到的，教学生培养开放的心态等理智德性有一个好方法，那就是以身作则。如果我们能承认自己的错误，讨论自己的失败，并让学生知道我们对某些事情没有把握，我们就能从两个方面防止思想封闭。其一，以身作则，给学生示范我们希望他们养成的谦逊态度，如此一来，便可以引导学生立志成为不在智识上傲慢自

① Taylor, 48.

大的人。我们要展示给他们看，对待一切智识活动的最佳方式是以开放的心态去面对。其二，降低自己的身份，这么做可以防止学生把我们视为无所不知的权威，视作一个在任何时候都要遵从的人。正如杰森·贝尔在他的理智德性教学指南中所写的："我们越'强大'，他们就越会感到自己弱小，因此就会越抗拒承担理智风险，不愿意以对他们自己的理智发展至关重要的方式参与课程。"① 相反，如果我们可以在学生面前承认我们并不知道所有问题的答案，我们就可以帮助学生培养信心，让他们能在自己没有把握时勇于承认，并帮助他们培养自主性（和各项技能），让他们在面对不确定性时仍能积极应对。

我们还可以为学生提供实践开放心态的机会。在可能的情况下，尽量让学生接触多种观点，甚至是那些你不认同的观点。在讨论不同观点时，虽然你可以表达你自己的观点，但要想办法把重点放在学生的思考上，而不是去关注他们得出的结论是否与你一致。我经常告诉学生，我不会就某一问题发表自己的看法，因为我希望他们自己去辩论这个问题，而不是在我的影响下把观点推向某个方向。如果我确实分享了我的观点，我会努力以平等参与者的身份参与到讨论中，而不是作为学生的上级，告诉他们正确的答案。为了给学生留出足够的空间来提出不同意见，我常常会尽量假装自己不那么确定。我想给学生示范一种建设性的自我怀疑，向学生表明课堂是一个形成我们自己的观点的地方。如果某个学生的观点与我的观点相左，我也会不遗余力

---

① Jason Baehr, *Educating for Intellectual Virtues: An Introductory Guide for College and University Instructors* (self-pub., 2015), https://jasonbaehr.files.wordpress.com/2013/12/e4iv_baehr.pdf, 31.

地给予肯定，而不是不屑一顾。我希望这能传递出一个信号：我自己的观点无关紧要——我们正努力理解一个问题，或分析一个论点，或形成我们的看法，而仔细审视各种观点可以帮助我们实现这些目标。

因此，要求学生思考他人的观点，可以帮助他们抵抗思想封闭。贝尔在他的哲学课上会让学生们参与辩论，学生要为自己并不赞同的观点作出辩护。[①] 他们必须尽可能有效地进行辩护，给出各种理由去说明为什么其他人应该接受某一观点。通过这种角色扮演，学生会发现自己的观点只是众多观点中的一个，每个人都有认同自己观点的理由。

但是，这样接触多种观点难道不会导致两面主义（*bothsidesism*）——认为辩论中的各方立场都同等可行吗？这难道不是在教导我们的学生，我们无法确定真相——有些人这样想，有些人那样想，我们只能确定这么多吗？我不这么认为。我们并不是要教导学生，在一个问题上，每一种可能的观点都是同等正确的。我们需要教给学生的是，对论点和论据的思考——哪怕这些论据与我们先前的看法相冲突——应当能引导我们得出我们的结论。通过归纳式教学，即让学生参与解决问题或研究案例，并要求他们从所学中归纳出一般原则，我们可以帮助学生练习这一关键技能。如果你教的是辩论性写作，那么就要向学生强调论点陈述应随着论据的变化而变化。如果你教授的是科学史，那么就要突出那些因论据改变而转变了我们的世界观的时刻。思想封闭的对立面并不是后现代的虚无，在这种虚无中不存在所

① Baehr，22.

谓的真理。思想封闭的对立面是开放的心态，在开放的心态中，我们寻求真理，但始终牢记我们可能会犯错。

强调做到心态开放和智识谦逊，有助于确保我们在面对一些话题时，不会将自己鲜明的观点灌输给学生。你当然有你自己的政治观点，学生也会知道你有。我告诉我的学生，我会努力确保我的观点不会影响我对他们的学业评估。你也可以像我这样做。但同样重要的是要告诉学生，并向他们展示出，对你来说，他们的观点的内容远不如他们得出那些观点的过程重要。我告诉我的学生，大多数时候我并不在乎他们的想法是什么；我只在乎他们怎么思考。

培养公民

在课堂上思考政治的另一种方式，是朝另一个方向行动：不是大量新闻进入我们的课程，而是我们的学生走向外面的世界。我认为，作为教师，我们的使命不仅仅是帮助学生学习那些掌握本学科所必需的知识和各种技能。我们还应该努力帮助他们成长为更有能力、更有道德、更具批判精神的学者和公民。我相信大学教育可以实现这些目标，而我们这些在高等教育领域任教的人，应该致力于实现这些目标。

种族主义、性别歧视、不公正、贫困、不必要的痛苦：世界上的种种问题——无论你认为它们是什么——大多都是由人造成的。而我们的教学对象就是人。

作家兼学者贝尔·胡克斯在她的著作《教学越界》中，区分了“认知方式”（“ways of knowing”）和“存在习惯”（“habits of being”）。作为大学教师，我们大多数时候关注的是“认知方式”。我们想要向学生传授本学科的知识，训练他们像本领域的学者那样去思考。我们当然应该教学生如何去掌握课程内容。但我们也不应忽视向他们传授更广泛的技能——这些技能是超越课堂的，可以被用于学生毕业后的生活实践中。胡克斯在她的书中写道，她的学生在感恩节假期结束回校后，描述了他们在课堂上学到的各个概念（有关种族和种族主义的）如何让他们以不同的眼光看待自己的父母和亲戚。① 只要我们努力帮助我们的学生培养思维习惯，那么无论他们今后是否会从事我们学科的研究，我们都是他们未来的引路人。

帕特里夏·迪瓦恩在研究隐性偏见和刻板印象时，也写到了习惯。在她看来，种族主义和性别歧视的联想就像习惯一样——我们频繁主动地将相关信息联系起来，久而久之就会自动将其联系起来。她写道，打破这种习惯是一个漫长的过程，需要“了解激活偏见的语境，了解如何用体现无偏见意图的反应，去取代有偏见的反应”。② 作为教师，我们有责任帮助学生养成新的、更健康的习惯，取代那些我们希望他们摒弃的坏习惯。如果你和我一样，也认为我们应该帮助学生成长为更有能力、更有道德、更具批判精神的学者和公民，那么我们就必须利用与学生相处的15周时间，让学生养成自我审视、元认知、批判性思考、自由决策和心态开放等习惯。你在课程中对各个话题的应对方式，可以帮助学生养成这些习惯。

---

① bell hooks, *Teaching to Transgress: Education as the Practice of Freedom* (New York: Routledge, 1994), 43.

② Devine et al., “Long-Term Reduction,” 1268.

具体来说，要如何在你的教学中做到这一点呢？想方设法缩短课堂与外部世界之间的距离，打开大门而非紧闭大门。引导学生思考报纸上的新闻事件与你的课程主题之间的关系。鼓励学生将你在你的学科中所做的思考，与他们在其他领域所做的思考放在一起进行类比。把理论与实践结合起来，展示出化学、社会学或工程学并不局限于大学课堂上——学生的人生将因所学内容和技能而丰富多彩。请提醒学生注意你正在帮助他们培养的存在习惯，哪怕这些习惯没什么特别之处，比如，在发表意见之前要先认真阅读。我们在公共生活中也需要更多践行这样的习惯。

作为大学教育工作者，我们有责任培养学生更加批判地看待自己和自己的文化，对偏见（自己的偏见和他人的偏见）有更多的认识，在理解不同的人时，能更加细致、更有同情心，在对待这些人时能更有道德感。在课堂上培养这些习惯，不但对改善我们的世界来说至关重要，而且对我们的学科来说也至关重要。例如，能够意识到女性的工作与男性的工作是平等的，不仅对成为良好公民来说是必要的，这种意识还是成为一名优秀的科学家、历史学家或医生所不可或缺的。能够认识到并努力纠正自己的偏见，不仅能令你更宽容地对待他人；它也是在任何学科中正确处理问题的关键技能。如果学生不在我们的课堂上学习这些习惯，他们可能永远也学不会。

“假新闻”时代的教学

我们如何分辨真相与谎言？我们如何知道我们读到的东西其实

不是真的？这些问题对公共生活来说至关重要，对大学课堂来说也同样重要。密歇根大学的公共政策教授布伦丹·尼汉（Brendan Nyhan），和英国埃克塞特大学的政治学教授杰森·赖夫勒（Jason Reifler）想要评估事实更正的有效性，比如，在公众人物发表误导性言论后，新闻报道中的事实更正对纠正误解有怎样的效果。在2005年和2006年，他们进行了一些实验，让受试者阅读一些报道政治人物发表虚假论断的文章，其中一些文章给出了客观的更正。尼汉和赖夫勒惊讶地发现，更正往往并不能消除受试者对虚假论断的信任，尤其是当更正信息与受试者的意识形态倾向相悖时。事实上，在那些对自己的政治立场最坚定的人当中，这样的更正反而会让他们更加相信自己的错误认识。[①] 人们抗拒看到自己错了。

类似的，尼汉和赖夫勒在2014年与另外两位合作者共同撰写了一篇文章，文中指出，有关疫苗的公共卫生宣传——例如反驳疫苗会导致自闭症的公益广告——实际上可能会适得其反，反而降低家长给孩子接种疫苗的意愿。令人担忧的是，“对争议性议题的更正信息，可能无法改变那些最有可能被误导的人的信念或观点”。[②] 那些最需要事实的人，往往不会被事实说服。

我们很容易就能看到该结论的论据。自唐纳德·特朗普上任以来，《华盛顿邮报》（*Washington Post*）一直在统计和更正他的许多虚假

---

① Brendan Nyhan and Jason Reifler, “When Corrections Fail: The Persistence of Political Misperceptions”, *Political Behavior* 32, no.2(2010):303 - 330.

② Brendan Nyhan et al., “Effective Messages in Vaccine Promotion: A Randomized Trial”, *Pediatrics* 133, no.4(2014):e835 - e842.

的或误导性的论断。截至 2019 年 1 月 21 日，统计结果已超过 8000 条。[①] 美国总统在两年多的时间里，发表了 8000 多条可被查证的不实论断。而一家每天有数百万读者的全国性报纸，对其中的每一条都进行了报道和驳斥。尽管这种事实核查无疑产生了一些效果（截至本文撰写时，特朗普的支持率为 41%），但对于仍然支持总统的数百万美国人来说，这些更正似乎并没有改变他们对总统及其可信度的看法。[②]

人们笃信谬误，甚至可以经受住权威信源的直接更正，这一现象值得每位教师深思。如果我们希望帮助我们的学生理解这个世界，在这个世界中茁壮成长，难道我们不需要对这个世界达成某种共识，在一些事实上达成一致吗？错误认识盛行于世，哪怕更正也没有用，这不仅增加了我们工作的难度，还让我们在帮助学生追求学术目标时面临又一个挑战。要想在某一学科中学有所成，我们的学生必须能够辨别真假。但这并不像看上去那么容易。

我们需要帮助学生制订辨别真假的策略，既要应对人们抗拒看到自己错了这一普遍问题，也要应对公共话语越来越多地充斥着谬误这一具体问题。这是学术界每个学科的当务之急，对每位学生来说都是如此。当学生带着对课程主题——或任何事物——的错误认

① Glenn Kessler, Salvador Rizzo, and Meg Kelly, "President Trump Made 8,158 False or Misleading Claims in His First Two Years", *Washington Post*, January 21, 2019.

② "President Trump Job Approval," Real Clear Politics, last modified February 4, 2019, https://www.realclearpolitics.com/epolls/other/president_trump_job_approval-6179.html.

识走进我们的课堂时，我们不能想当然地认为，只要做出更正就能达到预期效果。我们也不能想当然地认为，现在更正学生的一个错误认识，就能帮助他/她从此再也不犯类似的错误。我们需要教给学生一些技能，让他们能够准确地评估信息的真实性，无论该信息属于哪个领域。

我们要寻求在我们的学科中教授信息素养的方法。信息素养——理解、获取、评估和应用信息来解决难题或回答问题的能力——是在任何学科中都必须具备的一套技能。然而，在很多时候，教师却忽视了对这些技能的传授，以为学生能自己掌握这些能力。公平地说，许多大学作业在一定程度上都能让学生练习和培养信息素养；但基于上述原因，在我看来，如今比以往任何时候都更需要明确重视这些关键技能。

在课程中教授信息素养的第一步是去图书馆。许多大学图书馆都有专门负责与教师合作教授研究技能的工作人员，不妨在新学期开学之前联系一下这些图书馆管理员，谈谈你的教学目标。在我所在的学校，特别是在一年级学生很多的情况下，教师通常会带学生到图书馆参加研究课，或者邀请图书馆管理员去课上介绍图书馆的资源。但是，如果你在学期开始前就与图书馆管理员见面，你就可以想出办法，在整个学期的多个环节里融入信息素养教学。你可以设计一节课，让学生在图书馆查找资料，让学生练习提出和完善研究问题，布置一些要求学生开展各种研究的常规作业，等等。通过与图书馆管理员合作，你可以根据你的学科和特定的课程主题，量身定制信息素养教学。[①]

能够辨别真假是一种重要的信息素养。除了“假新闻”和公众人物的谎言之外，每个学者还必须具有辨别和拒绝粗制滥造的研究的本领。这就是为什么斯坦福历史教育集团（Stanford History Education Group）2017 年的一项研究的结果会如此令人惊讶的原因。[②] 萨姆·瓦恩伯格（Sam Wineburg）和萨拉·麦格鲁（Sarah McGrew）是这项研究的发起者，他们想比较三组人在评估数字信息可信度方面的能力：专业的事实核查人员、历史学家（均拥有博士学位）和斯坦福大学的本科生。他们给三组人设定了任务，要求这些人阅读并快速评估来自多个信息来源的内容。不出所料，事实核查人员的表现非常出色，很快就注意到了不可信的信息。同样不出所料的是，学生常常会被伪权威的包装所欺骗：他们会相信那些带有专业图表、“.org 域名”，名字听

① 关于教师与图书馆管理员合作的文献正日益增多。有关信息素养合作的详细介绍，请参阅 Ignacio J. Ferrer-Vinent and Christy A. Carello, “The Lasting Value of an Embedded, First-Year, Biology Library Instruction Program,” *Science & Technology Libraries* 30, no. 3(2011): 254 – 266; K. Kearns and T. T. Hybl, “A Collaboration between Faculty and Librarians to Develop and Assess a Science Literacy Laboratory Module,” *Science and Technology Libraries* 25, no. 4(2005): 39 – 56; Marilyn D. Lovett, Selma T. Burrell, and Lawrence O. Flowers, “Fusing Information Literacy Skills in STEM Courses,” *Journal of Education and Social Policy* 3, no. 3(2016): 7 – 11.

② Sam Wineburg and Sarah McGrew, “Lateral Reading: Reading Less and Learning More When Evaluating Digital Information” (Stanford History Education Group Working Paper No. 2017 – A1, October 6, 2017), http://dx.doi.org/10.2139/ssrn.3048994.

起来花哨的网站上的资料。最让我惊讶的是，历史学家——尤其重视资料来源性质的学者——的表现几乎和本科生一样糟糕。造成这种差异的原因是什么？三组人在评估信息时都采用了哪些策略？

参与者必须完成的一项任务是，阅读两篇关于霸凌的文章，一篇来自美国儿科学会（American Academy of Pediatrics）的网站，该学会是全球最大的儿科医生专业组织，另一篇来自美国儿科医生学院（American College of Pediatrics）的网站，该团体是一个规模小得多的反对 LGBT 权利的派别。在限时任务中，参与者必须阅读这两篇文章，并使用他们想用的任何在线资源来评估其可信度。事实核查人员在识别后一个网站的偏见方面要成功得多，他们的主要策略是离开该网站，在其他地方搜索佐证信息。当历史学家和大学生花几分钟时间阅读可疑网站，试图找出线索来决定自己是否应该相信它的时候，事实核查人员已经迅速用谷歌搜索了该网站的名称，找到了大量质疑其偏见的信息来源，在阅读该网站文章时参考了非常有用的背景信息。瓦恩伯格和麦格鲁将这种技能称为“横向阅读”（“lateral reading”），他们认为这是数字时代评估可信度的关键策略。横向阅读者不会只在特定网站内寻找消息是否可靠的迹象，而是会利用已有的前人研究，找出其他人对信息来源可信度的评价。华盛顿州立大学的迈克尔·考尔菲尔德（Michael Caulfield）认为，这种策略正是我们应该帮助学生学习的策略，以便学生能应对充斥着假新闻和虚假消息来源的世界。

考尔菲尔德是华盛顿州立大学温哥华分校的混合式和网络化学习部的主任，他认为，本科生太习惯于通过“核对清单”的方式培养信息素养了：学生被训练成要对他们看到的资料来源提出一系列问题。

资料来源是什么？如果是网络资源，是否有.com、.org、.gov或.edu域名？该出版物在意识形态光谱上处于什么位置？文章作者资历如何？考尔菲尔德认为，如此强调信息来源（而不是信息来源中的论断）是在荒诞地浪费学生的时间：“这样一说就清楚了，你收到了一封可疑的信，花了20分钟时间核查邮递员的身份。然后你打开信，发现那是一封你妈妈写来的署名信。你说：‘啊，但邮递员是共和党人！’”[①]可信度核对清单的初衷是好的，但往往效率低下；对学生来说，更重要的是能够评估论断，而不是评估信息出处本身。[②] 在一个完全网络化的世界里——在谷歌学术时代，学术世界也是网络化的——我们的学生能获取到大量信息帮助他们评估事情的真假。

除了横向阅读之外，考尔菲尔德还提出了另外两种核查可疑论断的策略：寻找之前的事实核查结果，和追溯“上游”论断。第一种策略不言自明；如果已经有人证明了某一论断是虚假的，那么在网上应该比较容易找到相关信息。第二种策略是追溯引文。如果资料来源提出了一个论断，那么这个论断是从何而来的？如果标明了出处，你就可以调查该出处。这样做的目的是尽可能接近信息的原始出处，以便

---

① Michael Caulfield, “How ‘News Literacy’ Gets the Web Wrong,” *Hapgood* (blog), March 4, 2017, https://hapgood.us/2017/03/04/how-news-literacy-gets-the-web-wrong.

② 在另一篇博客文章中，考尔菲尔德令人信服地主张，评估出处的技能——例如，我们如何知道哪些网站是值得信赖的——更多是建立在知识而非技能的基础上。Michael Caulfield, “Yes, Digital Literacy. But Which One?,” *Hapgood* (blog), December 19, 2016, https://hapgood.us/2016/12/19/yes-digital-literacy-but-which-one.

更明确地评估其可信度。

现在，考尔菲尔德的工作和斯坦福历史教育集团的研究，都会专门围绕“网络素养”和揭露公共领域的虚假论断展开。而你的学生要想在你的学科领域培养信息素养，就需要非常相似的技能。横向阅读、查阅前人研究成果、追溯引文的原始出处，这些做法在任何领域都是开展研究的好策略。此外，拿网络上的新闻举例子是一种很好的教学方法，可以让学生通过熟悉、易懂的内容学习这些技能。我们的目标不应局限于让学生理解离散的内容知识，学生还需要培养在有需要的情况下灵活运用这些策略的能力。与其教学生哪些期刊是可靠的，不如教会学生如何验证任一期刊中的论断。

当我们进入大学课堂时，政治并不会消失。但是，课堂给我们提供了一个机会，让我们能够在这里礼貌地、无私地、有同理心和洞察力地讨论极其重要的议题。而在课堂外，我们常常缺乏这些品质。在课堂上，我们可以想象并创造出一个平行的世界，这个世界比我们现有的世界稍微公正一些，其中的种种略有不同的现实都由我们和学生共同塑造而来。我想不出还有什么地方能提供这样的机会，而作为教师，我们被赋予了独特的权力来帮助创造和维护这个空间。

我们还有幸能与学生一起工作并影响他们，我们的学生依靠我们来帮助他们、照顾他们、指导他们。他们现在比以往任何时候都更需要我们。我们有机会为我们的学生提供帮助，帮助他们适应未来几年的不确定性并与之抗争。我们尤其有责任帮助最弱势的学生：有色人种、移民和移民子女、LGBTQ＋群体成员、残障人士、贫困阶层和女性。我们可以向这些学生展示他们的价值，努力为他们提供在其他地方被剥夺的机会，并向他们明确表示我们站在他们这一边。

如果你忧虑国家的政治现状，请记住，你正与国家的未来待在一起。如果你的学生想要消除他们的前辈所造成的伤害，如果他们要让这个国家和世界变得更加公正，他们就需要你的帮助。如果学生想拯救我们，令我们免遭即将到来的人为气候灾难的伤害，他们就需要很好地理解科学。如果学生想要让这个国家对每个人来说都更加安全，他们就需要知道该如何论辩，并且要培养同理心，而同理心只有通过倾听他人及其观点才能获得。如果学生想建立一个更好的民主国家，他们就需要成为更好的公民。请帮助学生实现这些目标。

第八章

修订你的教学

我作为研究生助教上的第一堂课，至今仍让我记忆犹新。我站在教室的前面，手里拿着笔记，感到吞咽困难，当时我比那些抬头看着我的二十岁左右的本科生年长不了多少。我该做些什么？我的老师们上课时总是看起来很轻松，可我一点也不觉得轻松。那天更多的情况我记不太清了，但我可以肯定，我主要是靠不停跟学生说话才熬过了那堂课。

如今，我在与即将开始初次上课的研究生助教一起工作时，我一定会告诉他们，不要讲授式地去教学。我告诉他们，已经有研究表明讲授是一种多么无效的教学模式，被动学习的学生通常学不到什么东西。我告诉他们，你们要让课堂成为容纳学生**实践**的空间。你要设计一些活动，让学生练习各种重要技能，并给他们的表现提供反馈，以让他们能从失误和错误中吸取教训。实践不是我们唯一的学习方式，但它是最好的方式之一。

实践也是我们作为教师学习的重要方式。大学教学是一项使命、一门学科，但它也是一份工作。如今新手教师想要成为更好的教师，可用的有用资源越来越多了,但个人经验是无可替代的。你要在课堂上实践一些做法,并努力理解它们为什么有效——或无效——这些经验教训能让你终身受益。从第一天上课以来,我已经走了很长一段路。每个学期的教学都帮助我改变了我的教学实践,令我做出了一些调整,我希望这些调整能让我成为一名更好的教师。这就是我们所能期望的,真的:不求完美,但求能在教学过程中不断修正我们的做法,从错误中吸取教训,努力做得更好。

本章提供了一些建议,来帮助你提升教学水平。它们是我多年来逐渐制订出的一些策略,帮助我更好地完成了教学工作,让我能够反思和分析自己的实践,从而知道我应该如何作出修正。教学是有难度的,因为教学的成败取决于你能在多大程度上帮助他人学习。但是,如果你能专注于改变自己,从经验中学习,致力于让自己一点一点变得更好,那么教学就可以变得容易一些。

给你的教学打草稿

教学和写作是贯穿教师学术生活的两大核心要素(系科会议是第三个)。除了极少数例外,无论你属于哪个领域,你都必须既教学又写作。

我与其他人合教一门研究生写作课,我总是很惊讶地发现,关于写作的讨论经常会变成关于教学的讨论。这两件事都涉及思考如何以最佳方式呈现观点,以便让其他人能够理解。从这个意义上说,许多对规划写作有用的策略,对规划课程来说同样有用。

在新学期开学前的几周，试着把你的课程设计当做写作来看待：它是多次打磨修订的结果。你不会指望自己能坐下来一口气写完一篇期刊论文。那么为什么创建一门课程就会不一样了呢？你要认识到起草和修订对任何创造性工作来说都至关重要，并给自己预留出充足的时间。

我在写作课上最喜欢讲的文本之一是安·拉莫特（Anne Lamott）《一只鸟接着一只鸟》（*Bird by Bird*）中的一节，名为“拙劣的初稿”（“Shitty First Drafts”）。在阅读拉莫特的书，以及她关于先写出糟糕初稿的建议之后，我完全改变了我的写作方式。她写道：“初稿是小孩的游戏之作，你大可畅所欲言、无所禁忌，因为你心知没人会读到，稍后再修改也无妨。”①最后这一点至关重要：一旦你意识到没人会看到这份初稿，你就能自由地去尝试那些原本会被你否定掉的想法。你会允许自己的大脑去冒险，所冒之险通常是你曾因过于谨慎而不敢尝试的东西。通过分开创作过程与修订过程，你可以在努力发挥创造力的时候关掉内心的批评声音。

为什么不尝试用类似的方法来设计课程呢？给自己一个小时的时间，为你必须教授的课程起草一份“拙劣”的计划。依次列出你要讲的各个主题。把想要让学生学会的重要技能分成几个部分，按照你制订的计划表依次给学生教授这些技能。初步设计出一项新的作业，让

---

① Anne Lamott, *Bird by Bird: Some Instructions on Writing and Life* (New York: Doubleday, 1994), 22.——原注

该句直接沿用了已有中文译本的译法。见安·拉莫特著，朱耘译：《关于写作：一只鸟接着一只鸟》，商务印书馆 2013 年版，第 45—46 页。——译注

学生能走出舒适区，学习新知识。不要因为觉得自己的想法不切实际，或可能行不通就放弃它们。把新的、冒险的想法写下来。如果未来证实这些想法确实站不住脚，再回过头来删掉它们即可。像你现在就要教这门课一样，不受任何限制地规划课程吧，看看你能想出什么来。

你还可以通过自我欺骗的方式，来更好地规划课程。当我还在读研究生时，我曾把学位论文中的几章拆成了期刊文章。我记得，为了符合期刊严格的字数要求，我痛苦地大幅删减了其中一章。为了能安心删减，我告诉自己，等到提交学位论文时，我随时都可以把删掉的内容重新放回到相应章节中。这样想让我有了“杀死我的心头好”的自由，我把这一章的篇幅大大缩短了。我把删掉的文字段落存在一个单独的文档中，等着需要的时候再把它们放回去。

但是当我完成学位论文，重新读这一章时，我发现我更喜欢删掉那些段落的版本。最后，我保留了删减后的版本。事实证明，这一删繁就简的过程能迫使我把握重点，只留下对章节论点绝对必要的内容。

我们在设计课程时也可以尝试类似的方法。我喜欢曼尼托巴大学的威廉·科普斯（William J. Kops）在 2014 年的一篇关于暑期课程教学的文章中提到的一个练习。[①] 其核心思想是：如果你不是用 15 周的时间多次上课，而是必须在一节 3 小时的课上讲完整门课程，你打

---

① William J. Kops, “Teaching Compressed-Format Courses: Teacher-Based Best Practices,” *Canadian Journal of University Continuing Education* 40, no.1 (Spring 2014): 1 - 18.

算如何上这节课？坐下来，规划一下这节课。你会怎么做？

你肯定无法面面俱到，这正是关键所在。这项练习会迫使你把注意力集中在课程的优先事项上。你的课程中最关键的要素是什么？如果你必须舍弃一些东西，你会删掉什么？什么东西是学生绝对需要知道的？稍后，当你重新审视课程计划时，你当然会把你原先决定舍弃的内容再加回来。但我敢打赌，你会发现其中一些材料仍然会被删掉。

我还开始使用流行的写作软件 Scrivener 来规划我的课程。该软件的某些功能对撰写长篇文章的写作者来说非常有用，尤其是“便笺板视图”（“corkboard view”），它能让写作者像整理便笺卡片那样将各章节组织起来——这一功能也使它成了计划课程的好工具。Scrivener 不仅可以帮助写作者将大量内容组织成一个可读的整体，它还可以帮助教师将一个学期的杂乱的教学材料整理成一门成功的课程。[①] 但软件的具体细节不像方法那么重要。想一想那些帮助你成功写完一篇文章的种种策略，你能不能把它们应用到你的课程规划中？

期中调整

一名优秀教师的最基本的一项素质是灵活：在情况发生变化时能

① 布赖纳·R. 坎贝尔（Bryna R. Campbell）启发了我去使用 Scrivener 软件来做课程计划，见 Bryna R. Campbell, “Course Planning with Scrivener,” *Smart Women Write* (blog), September 19, 2016, https://smartwomenwrite.com/2016/09/19/course-planning-with-scrivener/.

够作出调整，在短期境况发生变化时仍能牢记长期目标，在面对各项繁杂事务时能够平衡好优先事项。如果你真的想搭建以学生为中心的课程，那么在开学后也不能停止起草和修订课程。提前准备和计划的作用是有限的：如果你在上第一堂课时，发现学生的物理背景知识少之又少，你要怎么办？或者如果有相当一部分学生英语口语很吃力，你要怎么办？或者如果你计划讲的大部分内容，他们以前已经学过了，你要怎么办？我们得有根据教室里的学生的具体情况改变教学计划的能力和意愿，而不能依据你想象中的学生的情况，一成不变地去教学。

无论如何，死板地坚持最初的课程构想是没有什么好处的。特别是当你上了几周课之后，你就可以开始仔细审视自己的课堂，关注实际课程与最初的计划相比有哪些不同之处。第四章提供了许多方法，能帮助你了解课堂上的学生，回应学生的反馈，以便你更好地根据实际情况调整教学。但你也不妨进行一些自我反思和重新评估。在学期即将过半的时候，回顾一下原本的学期教学计划，再想一想要不要忠实地执行这些计划。看一看你的教学大纲，特别是你为课程定下的目标。你取得了多少进展？你的前进方向是否正确？就像我在第二章中建议的那样，开展一次期中评估，这可以让你知道学生对这门课程的看法是否和你一样。提醒自己你想要达到什么目标，并相应地调整方向。

当然，教学大纲中可能会有一些内容是你无法在期中更改的，但你也不必觉得自己完全被最初的计划束缚住了手脚。

在我几年前教授的一门修辞学课程中，我改变最多的是教学日历上提到的阅读材料数量。阅读材料需要宝贵的课堂时间来分析和讨论，从第六周开始，我就开始担心我没有给学生留出足够的时间去练习他们需要的技能。特别是鉴于他们交的第一篇论文显示出，许多学生在写作方面需要更多的帮助，我决定减少一些阅读材料。

灵活就是能屈能伸。要想在不断变化的环境中做到这一点，既要有信心，又要有智慧：有信心才能坚持致力于实现我们为学生制订的目标；有智慧才能知道在事情不按计划发展时，如何调整我们的方法以实现那些目标。

在期末时进行回顾与展望

每节课下课时，突如其来的变化都会让我感到吃惊。几秒钟前还令人紧张兴奋的教室，突然又变得空荡荡的。学期结束时也会发生类似的情况。经过几个月的忙碌奔波——准备课程、批改作业、与学生见面研讨、开教师会议，以及其他所有你想完成的工作——突然间，一切都归于平静。突然间，你就有时间去做那些你写在待办事项清单上的事情了。

我通常已经为这种变化做好了充分准备。但在享受应得的教学间歇之前，我觉得有必要充分利用仍然完全沉浸于教学中的这段时间。

每学期我都能学到很多东西。通过理解课程、尝试新事物、了解并适应我的学生，我必然会学到如何教授这门课程，以及如何更广泛地教授其他课程。每学期结束时，我总觉得自己的教学方法比开学时更好了。但奇怪的是，这些收获并不总是能从一个学期延续到下一个学期。到了下一个学期，我们吸取的很多经验教训往往都被遗忘了。用新的方法去教熟悉的旧文本，这么做取得预期效果了吗？学生对新主题有什么反应？复合型的作业是否让人（对你或对学生来说）太头疼，值不值得做？几个月后，这一切都会变得模糊起来。

在整个学期中做好笔记，可以在一定程度上避免出现这一问题。如果你的课程是活生生的、不断变化的，那么你在开学前制订的计划，就不会像你对实际教学情况的记录笔记那样能派上大用场。在我教学生涯的最初几年里，我数不清自己骂过自己多少次，就因为我的教学笔记不完整和派不上用场。尽管你可以不依赖每节课的书面计划，但记下你在每节课上做了什么是很重要的。做这件事的最佳时机是刚下课的时候。坐下来花 5 分钟时间，把你在课堂上做了什么打出来或写出来，如果可以的话，记下哪些方面做得好，哪些方面做得不好。把这些笔记整理好，让自己能轻松找到想找的内容（教学时间越长，这么做就越重要），这一点也很重要。将来你再次讲授这门课程时，你会感激你的勤勉的。

在学期结束时，思考一下自己的教学工作——无论是回顾过去还是展望未来——是非常重要的。虽然在课程刚结束时，你几乎不会去想下个学期的事情，但最好还是趁热打铁。在你为一个学期的教学画上句号之前，不妨为自己做一件日后你会感激自己的事。你刚刚教完这些课，再没有比当下更适合思考课程应该如何改变——或不改变——的时候了。现在花几个小时的时间做这件事，将来你会获得用其他任何方式都无法获得的回报。

就从整理笔记开始做起。翻阅整个学期的笔记，把从第一次课到最后一次课的所有内容编成目录。在整个学期中，我会把每一节课的笔记写在一个单独的文档中，并用上课日期来命名。到学期结束时，我会重新命名这些文档，以反映其内容：例如，有个文档的名字是“修订技巧—作业 3：论文研讨—斯泰纳姆(Steinem)论文”。这样一来，我就可以很轻松地浏览一个学期的上课内容，并能立刻想起自己做了些什么。当我想回忆我是如何教学生改文章的时候，我就可以很轻松地找到相应的笔记。

接下来，评估每堂课。哪些课上得很成功？哪些失败了？成功的课可以复制吗？失败的课是否表明下次应该尝试不同的东西，或者要不要干脆放弃呢？这个做法需要你能自我批评，并且要头脑清晰——你需要诚实地评估本学期的进展，这么做将对你今后的工作很有帮助。你也可以在这个时候进行一些宏观的思考：你的教学工作的整体方法是什么？你是否应该重新安排一些要素？你是否应该引入一些新的阅读材料？

最后，计划好课程的下一次迭代。现在就写出“拙劣的初稿”。如果让你从下周开始再教一次这门课，你会怎么教？在教学日历上写上阅读材料、讲课主题、作业和课堂活动。想一想教学进度、你想要达到的目标，以及如何让课程的各个要素相得益彰。先确定好这个刚过去的学期的最佳课堂将处于秋季教学日历中的什么位置，然后围绕最佳课堂安排其余课程。当然，到时候你也可以再改变计划。但就如写作一样，修订课程计划要比从头开始制订计划更轻松。

如果你是由于忘记了自己是如何在这个学期取得成功的，而无法在此基础上再接再厉的话，那就太可惜了。现在就起草一份计划以备下一次上课使用，这么做很重要，它有助于确保你不会重蹈覆辙。

充分利用学生的评教

如果你和其他大学教师相处过一段时间，你很可能遇到过不少我称之为 EESS 的例子——极端怀疑评教综合征（extreme evaluation skepticism syndrome）。这种疾病似乎每年都会感染越来越多的学者，它会导致那些通常很理智的教师说出诸如“学生的评教毫无价值”或“这是教育的 Yelp 化”[1]之类的话。如果有哪项研究似乎证实了学生不具备评价课程效果的资格，媒体也会迅速给予关注。

在 2014 年和 2015 年，时任莱斯大学卓越教学中心副主任的贝齐·巴雷（Betsy Barre）注意到了 EESS 的迅速传播，决定研究这一现象。她广泛阅读了几十年间的文献，试图理清头绪：学生评教在衡量学生的学习效果方面有多大作用？在给莱斯大学教师做的几次报告中和几篇博客文章中，巴雷介绍了她的研究结果。[2] 简而言之，情况很

---

① Yelp 是一个商户点评网站，用户可以在网站上对消费场所进行评分和评论，评分能体现顾客的满意度。教育 Yelp 化指的是将这种评价文化引入教育领域，学生像给商家打分那样给教师打分，用数据体现学生满意度。——译注

② Elizabeth Barre, “Student Ratings of Instruction: A Literature Review,” *Reflections on Teaching and Learning* (blog), Rice University Center for Teaching Excellence, February 1, 2015, http://cte.rice.edu/blogarchive/2015/02/01/studentratings; Elizabeth Barre, “Do Student Evaluations of Teaching Really Get an ‘F’?,” *Reflections on Teaching and Learning* (blog), Rice University Center for （转下页）

复杂。由于学生评教使用的工具多种多样，评教目的各不相同，而且评教是在各类高校中实施的，因此几乎不可能就其作为衡量教学效果或学生学习效果的标准的可靠性得出任何简单的结论。但是，她总结说，这并不意味着评教是毫无价值的。

相反，巴雷发现有很多研究表明，学生的评教与他们的学习效果之间存在正相关关系，这些研究要比那些认为二者之间无相关性的研究多得多。她判断说，一旦控制了学生的学习动力、班级规模和课程所属学科等已知的偏差，那么学生评教分数与学习效果之间的相关性数值约为 0.5。这是一种相对较强但绝对不完全的相关性，意味着存在一些我们还不了解的因素，在影响着它们之间的关系。不过，她强调说，虽然学生的评教是一种不完美的工具，但“我们还没有找到哪种衡量教学效果的替代性标准，能与学生的学习效果有同样强的相关性”。①

也就是说，学生的评教可能是存在缺陷的，但目前它是我们所拥有的最好的工具。

(接上页) Teaching Excellence, July 9, 2015, http://cte.rice.edu/blogarchive/2015/07/09/studentevaluations; Elizabeth Barre, "Academic Blogging and Student Evaluation Click Bait: A Follow-Up," *Reflections on Teaching and Learning* (blog), Rice University Center for Teaching Excellence, July 28, 2015, http://cte.rice.edu/blogarchive/2015/07/28/studentevaluationsfollowup; Elizabeth Barre, "Research on Student Ratings Continues to Evolve. We Should, Too," *Reflections on Teaching and Learning* (blog), Rice University Center for Teaching Excellence, February 22, 2018, http://cte.rice.edu/blogarchive/2018/2/20/studentratingsupdate.

① Barre, "Academic Blogging and Student Evaluation Click Bait."

当然，正是这些缺陷，使得在人事决策中使用评教分数的做法备受争议。有大量证据表明，学生的评教会反映出恶劣的偏见；许多研究表明，如果教师是白人男性，那么学生给出的评价往往会不出所料地更加正面。[①] 因此，各个高校和各院系更应避免在做人员聘用决定时，使用评教结果来评价教师的工作表现。显然，从教师的档案中提取少量数字，期望以此来有效衡量教师的教学质量是愚蠢的。然而，巴雷的研究表明了——至少在我看来——评教可能具有一定的价值，尤其是对教师个体而言。我们或许有正当的理由去担心会有人肤浅地解读评教数据，但这并不意味着我们应该忽视学生对我们课程的评价。正如詹姆斯·朗在其 2010 年出版的《论课程》一书中所写的："你会从学生那里获得他们对你教学的看法，你应该重视这些信息，记住这一点很重要。"[②]但是，我们应该如何重视这些信息呢？我们应该如何利用学生的评教来修订我们未来的教学呢？以下是我的一些建议，希望它们能帮助你从评教中获得一些有建设性的反馈。

如果你是和我一样的人，那么学生评教结果一旦公开你就会马上查看。这可以理解。如果教学对你来说很重要，那么你就会对学生如何评价你的教学很感兴趣。不过，学期刚刚结束的这个时候，可能并不是客观理解评教结果的最佳时机。在面对低分和批评性意见时，你

---

① 参见 Michelle Falkoff, "Why We Must Stop Relying on Student Ratings of Teaching," *Chronicle of Higher Education*, April 25, 2018, https://www.chronicle.com/article/Why-We-Must-Stop-Relying-on/243213.

② James M. Lang, *On Course: A Week-by-Week Guide to Your First Semester of College Teaching* (Cambridge, MA: Harvard University Press, 2008), 279.

很容易，也很自然会产生防御心理。你刚刚花了整整一个学期的时间来教导这些学生，而这就是你得到的回报？尽管这种防御心理可以理解，但它无益于你从评教中吸取教训。先休息一周，然后再回来看评教结果。这能让你更客观地看待问题。

当你坐下来仔细解读你的评教结果时，不要犯简单化解读的错误，无论学生给出的评价是正面的还是负面的。不要满足于只看总体平均分。要特别关注那些对你来说最重要的问题。与其关注那些直接评估教学表现的问题（"任课教师是否在上课前有所准备？"），我更关注学生是如何回答有关他们的写作和批判性阅读技能是否有所提高的问题。爱荷华大学的线上系统允许我点击查看任何评论，看看某一位学生（当然是匿名的）是如何回答不同问题的。我还会仔细分辨各个负面评论到底是来自少数心怀不满的学生，还是普遍现象。

同样的，如果你的总体平均分较低，或是某些问题的平均分较低，那么到底是因为大多数回答都给出了较低分，还是因为少数低分拉低了你的总体均分？这两种不同情况可能指向了两种截然不同的结论。找找规律，做做笔记，慢慢来：从这么小的样本中得出结论并不容易，所以要谨慎。

最后，试着结合特定背景来看待评教。评教是匿名的，但它并不是由你不认识的学生随机给出一些数字来完成的。你掌握了很多关于你的课程和学生的背景信息。当你查看评教结果时，你面临的挑战在于要将这些新信息与你已经知道的信息综合起来。班上是否有学生对自己的成绩不佳心存怨恨？是否有些学生学习吃力，难以跟上课程？是否有学生经常不做准备就来上课？在你阅读评语时，要联系所有这些问题来读。

詹姆斯·朗在《论课程》一书中还建议，新入职的教师可以约见系主任，讨论一下评教结果。[1] 你可能会发现，在你所在的学校，学生总是会在评教中抱怨课程学习负担重。这可能并不是你的问题。

最重要的是，要从评教中寻找建设性的经验教训。找一找规律——多名学生提到了同一件事，或者学生在某一个问题上给分特别低。寻找那些能证实你对自己教学的怀疑的意见。寻找不同班级的学生都抱怨的事：如果两门及以上课程的学生都提出了类似的批评意见，那么你可能就需要留意一下。你能学到哪些东西来帮助你修订课程？

修订课程

反复教同一门课是件很好的事。每教一次，你都会更加有信心，因为你在过去几个学期的经验教训的基础上又有了新的收获。而且，每学期花在备课上的时间可以越来越少。你已经有了大量学生作业和课堂活动可供参考，这意味着你不用再从零开始备课了。但是，轻松填满一堂课的时间，并不等于课上得好。即便你的教学计划经过实战检验、行之有效，课前不花任何时间思考就去上课仍是一个糟糕的做法。能利用积累下来的经验更高效地备课，这绝对是一件好事，但如果这种高效意味着你在课堂上如同梦游一般不在状态，那就适得其

---

① Lang, 280 - 281.

反了。

以下这些方法，可以帮助你应对这些风险，让你的过往经验帮助你，而不是束缚你。

首先，思考实质性问题。在上课之前，回顾每堂课的练习，并提出一些关键的问题，这些问题应适用于你在课堂上所做的一切：

- 目标是什么？你想让学生学到什么？
- 这项活动会如何帮助学生学习？
- 有没有什么办法能更有效地实现这种学习？
- 为什么让学生学习这份材料或这项技能很重要？

你最初设计某项课堂活动的初衷，现在可能已经被时间冲刷得无影无踪了，这或许表明那个初衷并不值得追求。重新评估这项课堂活动，确保它能达到你追求的教学效果。记住，你的目标不应该局限于把课程内容讲完，而是要让学生学到有价值的信息和各种技能，这种自我质疑几乎必然会促使你修订和改进你的教学。

在考虑了这些问题之后，可能你还是会想用你一贯的方式去上课。那也没关系。只要你审视自己的教学方法，你就能改进你的教学。在课堂上，你会有种焕然一新的使命感，清楚地知道自己在做什么，为什么要这么做，以及为什么要让学生经历这一切。而且跟从零开始相比，你花在备课上的时间还会更少。

此外，每个学生群体都是不同的，每一个学期都是不同的。你现在教的本科生与你过去教的本科生有着不同的优势、劣势和需求。我曾在几个学期前注意到，学生对那些能在课堂讨论中将阅读材料与时事联系起来的问题反应尤其积极，或许你也会注意到这一点。这可能正是你需要的信息，它可以帮助你做出调整，来成功开展其他课堂活动。上了几周课之后，你就可以问问你自己：

- 你到目前为止有多了解这学期的学生？
- 他们在哪些方面需要额外的帮助？他们已经掌握了哪些内容和技能？
- 你该如何修订你的旧材料，使其能满足学生的需要，而不仅仅是为了满足你自己的准备课堂活动的需要？

你也可以把你熟悉课程视为一次创新的机会。你以前教过这门课，这意味着你能足够自在地去做试验。你有一张整门课的路线图。那么，为什么不绕道而行呢？这可能是一个绝佳的机会，能让学生对课堂活动有更多的控制权，不妨向同事学一些新做法，或者给学生一篇跟新闻话题有关的引人思考的阅读材料。当你感到上课上得得心应手的时候，这可能就是一个信号：是时候尝试一些新的东西了。

观摩别人上课

教学中的许多工作都是无形的。除了教室里的学生，没人能看到你最好的教学状态——每一件事都很顺利，你让你的学生真正看到了不同的世界（幸运的是，也没人能看到你最糟糕的教学状态）。我们大多数人并不是为了受表扬而教学的，但我们在课堂上的最佳表现没有被我们的同行和上级看到，这实在是一种遗憾。同样令人遗憾的是，那些想提升教学水平的教师，无法直接向周围的优秀教师学习。

想想你在研究生院是如何了解自己的研究领域的。当然，你从你的导师和其他教授那里收获了想法、建议和信息，但你也从阅读其他人的研究成果中获益匪浅，了解到了你所在领域的学术研究是如何开展的。你找到了很多榜样。然而，在教师的自我培养方面，我们大多数人都无法通过观察他人来学习。我们可以回想自己老师的做法，但这样的范本非常有限。

我还记得我第一次与他人共同授课的情景，我和我的同事马特·吉尔克里斯特(Matt Gilchrist)一起给研究生上一门写作课，我和学生们一样，都学到了很多东西。能够观摩另一位教师是怎么上课的，尤其是像马特这样的才华横溢的教师(他尤其擅长组织学生开展有建设性的讨论)，对我的教学实践极其有启发。当我开始与梅根·奈特一起授课时，我又学到了一套全新的教学策略。

当然，并不是每个人都能与他人合作授课。那么，你还能通过什么方式看到同事们是如何上课的，并学习他们的专业授课技能呢？答案是：询问你的同事你是否可以旁听他们的课。

你的周围到处都是精通授课技艺的专家，而你与他们的课堂之间只隔了一个礼貌的请求。我敢打赌，大多数教师都不会反对同事来班上旁听。任课教师可以向学生解释，你不是去进行评估的——只是去观摩学习。你可以不引人注目地坐在教室后排，做做笔记。

当你观摩别人上课时，你会注意到每位教师都有自己独特的教学方式。那些看似理所当然的做法——比如你每节课的开场方式——

现在被揭示出是一种教学选择。亲眼看到一种不同的教学方法，可能是观摩课堂教学的最重要的收获：如果别人可以使用不同的方法，那么你也可以。但这不会是你唯一的收获。想想你所有的专业策略，想想你在一年年的教学过程中积累起来的所有智慧。你有了一个窥探别人的锦囊妙计的机会，可以看看别人是如何创造奇迹的。

你可能会更想去旁听那些经验丰富的同事的课，那些刚入职不久的教师可能会对被旁听感到不自在。不过，旁听对课堂的影响不大——另一位教师安静地坐在教室后排，基本不会打扰到课堂——你真的没有理由不向任何你想学习的人提出请求。

旁听还有另一个更微妙的好处：你可以从学生的角度观察课堂。身体方面的变动——坐在教室后排而不是站在教室前面——会让你大开眼界。除了能让你学到各种策略之外，这种视角上的转变也会对你的教学有所帮助。对于坐在教室后排的学生来说，你的课堂是什么样的？[①]

理想情况下，各个院系应该鼓励教师定期旁听其他教师的课。对大多数院系来说，建立一个轮换听课制度是很容易的，这样一来，每位教师每学期都能有机会旁听两到三名其他教师的课。这样的制度可以鼓励教师们交流教学理念，改善职业关系（比如能更容易找到愿意撰写以教学为中心的推荐信的人），让系内更能团结合作，更有

---

① 有一位社区大学的教师曾经以本科生的身份登记选课，想从学生的视角去看看他的学生会经历些什么，他的故事很有意思。参见 Katherine Mangan, "This Professor Enrolled as an Undercover Student," Chronicle of Higher Education, May 30, 2016, https://www.chronicle.com/article/This-Professor-Enrolled-as-an/236649.

士气。[①]

教学的方法比你以为的要多得多。但想要了解教学方法的多样性，其实只有一个办法：亲自去看一看。我特别向研究生推荐这种做法，他们应该尽可能广泛地接触各种教学方法。但经验丰富的教师也可以从中受益——旁听其他教师的课，可以让你获得突破教学窠臼所需的推动力。你或许有充分的理由要按照自己一贯的老方法去教学。但是，观摩同事的教学或许能让你有充分的理由去尝试一些新的东西。

避免倦怠

2005年，斯坦福大学的社会学教授保拉·英格兰（Paula England）在《社会学年鉴》（*Annual Review of Sociology*）上发表了一篇文章，详细阐述了五种"理论框架"，社会学家用这些框架来概念化"照顾工作"（"care work"），即要求受雇者为了报酬而提供照顾服务的工作。其中一些框架也适用于学术工作（学术工作有时也被视为一种照顾工作），包括英格兰所说的"爱的囚徒"（"prisoner of love"）框架：员工热爱自己的工作，这使得雇主更容易剥削他们。但在英格兰的分类中，最吸引我注意的是"情感商品化"（"commodification of emotion"）框架，它关注的是"当劳动者不得不出售涉及自己个人内心情感的服务时，他

① 包括莱斯大学和范德堡大学在内的许多院校每年都会举办活动，让全校教师允许同事探访。这么做能很好地促进教师团结合作和跨学科学习。

们的情感会受到伤害”①。

倦怠(Burnout)——通常被定义为精疲力竭、疏远工作以及由此导致的工作表现不佳——是许多行业都关注的问题,但作为教师,我们的工作性质使得教学特别容易受到倦怠的影响。② 与学生密切合作,帮助学生应对挑战,在学生人生中经常出现动荡和压力的时期支持他们,这是一项令人在情感上筋疲力尽的工作。2005 年,英国的一项研究调查了 26 种职业的工作压力,研究发现,大学教师是自我心理健康报告结果最糟的职业之一。③ 2011 年,一项针对大学职业倦怠研究的文献综述发现,教师的职业倦怠现象与医疗保健专业人员的职业倦怠相似。该研究称,该问题很可能与我们作为教师的角色有关,研究发现“接触大量学生……强烈预示着倦怠体验”。④

当然,如果教学是造成教师职业倦怠的主要原因,那么我们的教学——和学生的学习——难道不会随着我们压力越来越大,越来越精疲力竭而受到影响吗?好的教学需要耐心和巧思,而过度劳累的教师往往会耗尽这些品质。我还没有看到任何关于大学教师职业倦怠与学生学习效果之间关系的研究,但最近至少有两项关于小学教师职业

---

① Paula England, “Emerging Theories of Care Work,” *Annual Review of Sociology* 31, no.1(2005):381-399.

② 参见 Christina Maslach and Susan E. Jackson, “The Measurement of Experienced Burnout,” *Journal of Organizational Behavior* 2, no.2(1981):99-113.

③ Sheena Johnson et al., “The Experience of Work-Related Stress across Occupations,” *Journal of Managerial Psychology* 20, no.2(2005):178-187.

④ Jenny Watts and Noelle Robertson, “Burnout in University Teaching Staff: A Systematic Literature Review,” *Educational Research* 53, no.1(2011):33-50.

倦怠与学生学习效果之间关系的大规模研究。这两项研究均在德国进行，论文都发表于 2016 年，研究发现，教师的情感耗竭与学生的教育结果之间呈直接的负相关关系。也就是说，教师报告出来的情感耗竭程度越高，他们的学生在各方面的表现就越差：成绩、标准化考试、学生满意度等，不一而足。①

教大学生和教四年级小学生是不一样的。当然，我们花在给学生上课上的时间并没有那么多。但教师的职业倦怠是一种真实存在的现象，它对我们的学生来说也不是什么好事。

关心学生，有时甚至是照顾学生，是大多数教师的一项重要工作。虽然我很想把教学看作是一种智识追求，但与学生密切合作，帮助学生成长，是需要投入情感的。投入情感是需要付出代价的。我们可能并不总是愿意承认，我们在教学时会动用自己的“个人内心情感”，但毫无疑问，我们确实会这么做。我们与他人一起工作，努力帮助他们成长；这项任务需要我们付出比学术训练多得多的努力。如果我们的心理不健康，我们就几乎没法做好我们的工作。这里有一些建议，可以帮助你在教学过程中照顾好你自己。

首先，不要害怕寻求帮助。你的朋友、家人和同事都可以帮助你。你任职的学校可能会提供各种支持服务，请好好利用那些服务。

---

① A. Katrin Arens and Alexandre J. S. Morin, "Relations between Teachers' Emotional Exhaustion and Students' Educational Outcomes," *Journal of Educational Psychology* 108, no.6(2016):800 – 813; Uta Klusmann, Dirk Richter, and Oliver Lüdtke, "Teachers' Emotional Exhaustion Is Negatively Related to Students' Achievement: Evidence from a Large-Scale Assessment Study," *Journal of Educational Psychology* 108, no.8(2016):1193 – 1203.

如果你感到有压力，感到自己情感耗竭，那很可能是因为你非常重视自己的工作，认为把这份工作做好很重要。但把自己累垮了是没有好处的。当你情绪低落时，要让你周围的人知道，当你看到你的同事在努力平衡一切时，也请给予理解和支持。这是一份劳心费力的工作。

休息也很重要，哪怕只是休息一个晚上。从读研究生开始，我们就被训练得觉得自己应该一直不停工作。我们的工作不存在朝九晚五的工作日，这一现实只会助长那种心态。如果你可以在一天中的任何时间、一周中的任何一天工作，那不就意味着你要每时每刻都工作吗？但是，一直处于工作状态会产生很严重的负面后果。[①] 如果你能睡个好觉，你就可以更好地规划课程。那学生发来的那些电子邮件怎么办？很少有哪个问题是紧急到不能等到早上再回复的。

请记住，你的工作只是一份工作，即便你热爱它。作为学者，我们从事的职业与我们个人的智识抱负相契合，这既是我们的幸运，也是我们的不幸。我们中的大多数人之所以被吸引进入自己的研究领域，是因为我们真诚地希望找到那些令我们着迷的问题的答案，而我们中的大多数人可能都曾对别人说过，能够做自己所做的事情，我们感到多么幸运。

然而，正如许多学者所警告的那样，我们对工作的投入，会使我们成为被剥削的首选对象。正如萨拉·布鲁耶特(Sarah Brouillette)所

---

① 例如，可参见 Matthew Riesz, "'Email Overload' Risks 'Emotional Exhaustion' for Academics," *Times Higher Education*, January 8, 2016, https://www.timeshighereducation.com/news/email-overload-risks-emotional-exhaustion-academics.

写的那样："我们相信我们的工作能带来非物质性的回报，并且比起其他'普通的'的工作来说对我们更重要，而这种想法的结果是，当管理层的目标是以最低成本榨取我们的最大劳动价值时，我们就成了他们的理想员工。"①2014 年有一项针对非预聘—长聘制教职的教师的研究，研究发现，这些教师越是认同自己所工作的学校，工作压力就越大，也就越焦虑和抑郁。② 尽量拓宽视野，培养一些兴趣爱好吧。热爱工作并不意味着工作就是你存在的全部意义，你不是只为你的工作而存在的。

这种"我在做我热爱的事"的现象，也导致我们中的许多人承担了可能不该承担的工作量。同时担任多个委员会的职务，或许能体现你有合作精神，但一周的时间只有那么多，何况你已经有一大堆论文要批改了。最近的研究表明，职场中这种所谓的角色外行为（extra-role behavior），会显著增加工作压力，而学术工作场所尤其容易催生这种行为。③ 认真审视一下你在工作方面许下的各种承诺，无论是正式的还是非正式的，问问你自己是否一定得实现所有这些承诺。

---

① Sarah Brouillette, "Academic Labor, the Aesthetics of Management, and the Promise of Autonomous Work," Nonsite.org, May 1, 2013, https://nonsite.org/article/academic-labor-the-aesthetics-of-management-and-the-promise-of-autonomous-work.

② Gretchen M. Reevy and Grace Deason, "Predictors of Depression, Stress, and Anxiety among Non-tenure Track Faculty," *Frontiers in Psychology* 5(2014): 1 - 17.

③ K.C. Ryan and L.M. Dunn-Jensen, "Stretched Thin: Stress, In-Role, and Extra-Role Behavior of Educators," in *Stress: Concepts, Cognition, Emotion, and Behavior*, ed. George Fink (London: Academic Press, 2016), 445 - 450.

我们的目标

最后一种减轻职业倦怠的方法,也与我们在教学中应该追求的理想目标有关。人们越来越意识到,睡眠对我们的身心健康来说至关重要。我们大多数人似乎都睡眠不足。而睡眠不足(对大多数人来说,每晚睡眠不足 7 小时就算睡眠不足了)会导致高度焦虑、决策失误、精力不足和注意力不集中。[1] 要成为一名优秀的教师,你需要发挥所有的能力,而全力运转的大脑,要比你精心准备好的课程计划有价值得多。对你的学生来说,什么更有价值——是你多读了一遍阅读材料,还是你休息得很好,能够在课堂上全力投入、反应迅速?

我长期以来一直是个会过度计划的老师。我曾在一份求职申请中夸口说,我可以在一节课的时间里,开展自由写作练习并讨论、微型讲座、小组活动、小测验、角色扮演游戏和当堂书面反思等多项活动。这种把课堂时间安排得满满当当的倾向,有时源于一种可敬的本能:任何一门课都不存在一种理想的教学方法,因此不妨把多种方法混合起来使用。

我还认为,我把上课时间塞得满满当当的,这是对讲授式教学的一种反抗。我不使用单一的信息传递模式,而是使用 5 种,甚至 10 种模式。但我已经开始意识到,这种忙乱的授课方式,更多的是源于我

---

① "Sleep Deprivation," American Academy of Sleep Medicine, 2008, https://aasm.org/resources/factsheets/sleepdeprivation.pdf.

自己的不安全感，而不是出于任何教学原理。如果我能把整堂课的时间安排得精确到知道每一分钟要做些什么，如果我能确保学生的上课体验充满了课堂活动和练习，那么就没有人能指责我准备不充分了。与此同时，如果能过度计划好每一节课要做些什么，我就可以保护自己，使自己免于陷入不得不临场发挥的可怕境地。

那是新手教师真正恐惧的东西，不是吗？站在满满一屋子学生面前，却不知道该说些什么。一份写满了要点的详细课程计划，就像是一张安全毯，能防止学生发现我们其实不知道自己在说什么。但我开始觉得，这种过度准备的倾向，会妨碍我们达到我们想要的教学效果。

在第二章中，我写了一些让出课堂控制权的方法，但那是专门讨论如何将接力棒交给学生的。此外，我们也要把控制权交给当下——交给你和学生在课堂上共同度过的时光，这一点也很重要。我现在意识到，为了确保课上不会发生任何我事先没想到的情况，我常常计划得太满，因此扼杀了可能性。虽然我没有采用讲授式教学，但其实我还是在僵化地最终控制着课堂上发生的一切。

我正在努力改变这一点，我邀请你们也这么做。我并不是说，你们应该毫无准备地走进教室，只是让学生围坐在一起聊天。而是说，随着我的教学经验越来越丰富，我越来越确信，留出时间让课堂偏离计划，让课堂讨论能在有趣的切入点上展开，并像真正的讨论一样能发挥作用，以及让意想不到的问题出现（并被面对）是非常重要的。

理想的状态是少做计划，多思考。课堂不是一个只需要你执行事先构思好的程序步骤的地方。如果我们重视本书的所有基本原则——主动学习策略、教学要以学生为中心、教学法和学术研究同等重要——那么我们就需要重视课堂，把课堂当作学生和教师真正可以学习的空间。

我们的目标是能够全身心地投入课堂。最优秀的教师能做到当堂回应学生，与学生一起解决问题。最优秀的教师不惧怕不确定性，而是会将不确定性视为学习的必要前提。他们不会因为课上出现了令人不适的沉默，就认为自己把课上成了一场灾难，而是会将沉默时刻当作宝贵的反思机会。他们对自己可能会失败保持开放的态度。所有这一切都令人不安。但正是这样的教学方法，能令课堂变成我们所拥有的最令人兴奋的、最有活力的、最具孕育性的空间，课堂上可能会发生各式各样的事情，学生可以好奇地走进课堂，再焕然一新地走出去。

致谢

正因为我自己有很多伟大的老师，我才会对伟大的教学的本质和意义如此感兴趣。许多老师都改变了我生活和工作的轨迹，包括安·米克(Ann Meeker)、布赖恩·多尔蒂(Brian Doherty)、威廉·哈迪(William Hardy)、马克斯·多辛维尔(Max Dorsinville)、马克·特纳(Mark Turner)、卡西娅·博迪(Kasia Boddy)和帕姆·瑟许韦尔(Pam Thurschwell)。我无论怎么感谢他们都不为过，想到这一点，我不禁想试着让我自己的学生和读者也能拥有类似的人生际遇。

事实证明，在4年中，每两周写1000字的教学法文章是个写书的好方法。如果不写专栏，我是不可能写出这本书的。加布里埃拉·蒙泰尔和丹尼丝·马格纳(Denise Magner)两位都是出色的编辑，与她们共事让我成为一名更好的写作者。我由衷感谢她们帮助我形成了许多想法，我最终把那些想法都写进了这本书。

感谢安德鲁·金尼(Andrew Kinney)在整个出版过程中给我提供了明智的建议，并负责管理这个项目。感谢哈佛大学出版社(HUP)的每一位员工为出版本书所付出的努力。我收到了两份内容丰富的读者反馈，它们帮助我更好地看到了本书的优缺点。感谢其中一份反馈的作者克里斯·沃尔什(Chris Walsh)，他是一位理想的读者，非常荣幸能收到他的回应。

在我刚开始从事大学教学工作时，吉姆·朗(Jim Lang)给我提供了很多帮助，他是我的智慧源泉和指导者，也是我的榜样。在教与学领域，凯文·甘农、乔西·艾勒(Josh Eyler)、萨拉·罗丝·卡瓦纳(Sarah Rose Cavanagh)、金伯利·坦纳和约翰·沃纳(John Warner)等人也给了我很多帮助。还要感谢马克·索尔兹伯里，感谢他慷慨分享了他的研究成果和见解。

本·哈斯曼(Ben Hassman)曾板着脸问我秃顶多久了，但他还是我的好朋友，也是一位鼓舞人心的同事，在我遇到教学方面的难题时，他会为我出谋划策。同样，查理·威廉斯(Charlie Williams)也是一位比他自己承认的更优秀、更敬业的老师，我在与他谈论教学法的过程中获益良多。认识梅根·奈特的人都知道，她是个讲课天才，我一定得把这个事实写下来。我从梅根身上学到了很多东西，她真应该从这本书的版税中分一杯羹。除了特别提到的这三位以外，我还要感谢所有修辞学系的同事，感谢他们的支持和情谊。

还要感谢珍·巴克利(Jen Buckley)、亚当·胡克斯(Adam Hooks)、娜奥米·格雷瑟、凯蒂·哈斯曼(Katie Hassman)、马特·吉尔克里斯特、谢伊·布朗(Shea Brown)、布雷迪·克里恩(Brady Krien)和劳拉·海斯(Laura Hayes)。看到这些名字被印在书上，我再次为拥有这些聪明、慷慨的教师朋友而心怀感激。

特别感谢吉姆·克莱门茨(Jim Clements)，他帮助我改进了这本书的方案书，我们多年来关于教学的对话，也让我成为一名更好的教师和写作者。

致我的父母、兄嫂和祖母：感谢你们的爱和支持。致米奥德拉格(Miodrag)和纳塔利娅·佩罗维奇(Natalija Perovic)：感谢你们把我当成亲生儿子一样对待。

我的女儿爱丽丝和路易丝教会了我更多关于教学的知识——以及其他许多事——超出我所能言表。她们让我觉得一切都是值得的。谢谢你们，女孩们，谢谢你们每天都如此美好。

凯塔琳娜·佩罗维奇(Katarina Perovic)值得远比我在此能表达的多得多的感谢。她在我做的每一件事上都支持着我，这种支持让我取得了远远超过我个人能力的成就。这本书是献给她的。

索 引